浙江省普通本科高校"十四五"重点立项建设教材

THE ART OF
SPEECH

演讲的
艺　术

李　颖　刘　亮 ◎编著

ZHEJIANG UNIVERSITY PRESS
浙江大学出版社
·杭州·

图书在版编目（CIP）数据

演讲的艺术 / 李颖, 刘亮编著. -- 杭州 : 浙江大
学出版社, 2024.8
ISBN 978-7-308-24705-4

Ⅰ.①演… Ⅱ.①李… ②刘… Ⅲ.①演讲 – 语言艺
术 Ⅳ.①H019

中国国家版本馆CIP数据核字(2024)第046655号

演讲的艺术
YANJIANG DE YISHU

李 颖 刘 亮 编著

策划编辑　李　晨
责任编辑　李　晨
责任校对　诸寅啸
封面设计　春天书装
出版发行　浙江大学出版社
　　　　　（杭州市天目山路148号　　邮政编码　310007）
　　　　　（网址：http://www.zjupress.com）
排　　版　杭州林智广告有限公司
印　　刷　杭州捷派印务有限公司
开　　本　787mm×1092mm　1/16
印　　张　12.25
字　　数　260千
版 印 次　2024年8月第1版　2024年8月第1次印刷
书　　号　ISBN 978-7-308-24705-4
定　　价　42.00元

前 言

沟通力被称为"21世纪的货币"，在新时代创新型人才的培养过程中，"语言沟通与表达能力"是当代大学生综合素质培养中不可或缺的一部分，正成为当代大学生成长与发展的必备能力。《中国语言文学类教学质量国家标准》明确将"运用母语进行书面、口语表达的能力"作为人才培养的重要目标，拥有演讲和自我表达能力，已成为新时代大学生最基本的素质要求。演讲作为一种语言交际活动，在表达自身见解和主张、阐明事理和抒发情感等方面具有显著作用。

随着新时代的进步与发展，演讲已经不再局限于语言学科的范畴内。任何学科的发展都需要演讲和沟通力的加持，因此演讲的形式与内容变得更加多元化，演讲能力在各行各业中有了全新的体验及应用。演讲具有自身独特的物质传达手段和特有的自身发展规律，能够在社会实践活动中起到信息传递和文化互动的作用。对于高校在读的大学生而言，拥有良好的演讲能力及文化素养，能够清晰自信地表达自身观点，不仅可以帮助学生提升竞争能力、获得好的就业机会和发展前景，更可以全面提升演讲者的个人能力、智慧及情操，提升自我的综合素养。

本书以培养学生的语言表达能力和艺术审美能力、提升学生思辨能力和综合文化素养、增强学生文化自信为目标，以演讲艺术的传承、发展与创新为基本脉络来梳理内容，通过与演讲有关的实际案例的呈现，搭配与案例相关的赏析视频，结合播音学和语言学科的特点，着重介绍演讲中的角色定位、语言技巧、内容组织、表达技巧、礼仪文化、心理调试、面试技巧等内容，加上课后思考题巩固练习，帮助学生更好总结和复习内容。本书旨在帮助学生了解演讲基本理论，训练口语表达能力，掌握演讲技能，欣赏演讲艺术美感，提升演讲素养，并灵活运用于社会交往与实践中，同时，促进学生对于演讲艺术的认知，激发自我表达的欲望，培养高阶思维，增强对中华优秀传统文化的自信。本书致力于为想提高表达能力的同学提供一个兼具前瞻性和历史底蕴的理论与实践相结合的教材，以扩大同学们的受益面；也可成为一本提升沟通和演讲能力的工具书，面向全社会普及演讲知识，提升社会整体的文化素养。

目 录

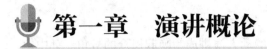

第一章　演讲概论

第一节　演讲的历史传统

演讲的产生具有悠久的历史，且在古今中外均具有重要的地位及价值。拥有良好的演讲能力及文化素养的人，能够清晰、勇敢、自信地表达自我思想和自身观点。不同类型的演讲会带给人或振奋、或愉悦的感受，同时能够激发人们行动上的改变。下面我们以演讲的定义为切入点，沿着历史脉络，探寻古今中外的演讲历史，感悟演讲的魅力。

一、演讲的基本定义

演讲又叫讲演或演说，它是指在公众场合，以有声语言为主要手段，以体态语言为辅助手段，针对某个具体的问题，非常鲜明地、完整地发表自己的见解和主张，阐明事理或者抒发情感，进行宣传、鼓动的一种语言交际活动。

二、中国演讲历史传统

古往今来，政治家或文人骚客均运用演讲这种形式，抒发情感和表达意志，在实现自身理想抱负的同时，也为后人留下了数不尽的精神财富及力量。

（一）古代

早在先秦时期，演讲这一形式就已广泛流行。《尚书》是迄今为止中国最早的一部历史文献，其中就有好几篇演说词，如《甘誓》《汤誓》《穆誓》。春秋战国时期的社会更是形成了百家争鸣的局面，游说风气盛极一时。孔子首创私人讲学的风气，对学生进行辞令的训练；墨子主张"辩"；荀子和韩非子则对演讲的心理技巧和语言的风格都做了详细的论述。战国末期，苏秦一人身佩六国相印，以雄辩的口才说服各国；张仪则与苏秦针锋相对，实行连横政策，凭三寸不烂之舌，为秦统一天下立下了汗马功劳。正是这些口才家参与创造了这样一个辉煌的时代。

（二）近代

1911年辛亥革命成功后，革命者、爱国者的动人演讲成为唤起民众的号角。孙中山、鲁迅、闻一多、毛泽东、周恩来等人都是当时杰出的演讲家。1949年，中华人民共和国成立后，也涌现了一大批优秀的演讲家。1978年，党的十一届三中全会后，我国进入商品经济、市场经济时代，演讲也逐渐成为主要的思想交流工具，在振兴中华、对外开放、对内搞活的经济体制改革中，发挥着重要的作用。自此，各级演讲学会、研究会、协会和一大批演讲新秀应运而生，演讲理论逐步趋向成熟。

（三）发展现状

近年来，以《演说家》为代表的一批演说节目取得了成功，获得了良好的经济效益和社会效应，说明在视听内容生产领域，演说这种功能性、目的性、对象性很强的表达方式，有着很强的商业价值和社会价值。站在更为宏观和长远的眼光来看，演讲在当代中国社会和文化语境中还具备重要的文化价值。[①]

三、西方演讲历史传统

（一）起源

西方演讲的发源地可以追溯到古希腊。演讲在中世纪前的古代埃及、希腊、巴比伦、印度和中国等地区已成为普遍的社会现象。古希腊罗马时代更是出现了一大批富有才华与声望的演讲家，如苏格拉底、柏拉图、亚里士多德、德摩斯梯尼等。

（二）中世纪至19世纪

中世纪西方的演讲艺术虽不再如古希腊、罗马时期那样兴盛，却一直在缓慢而曲折地发展着。其中，宗教演讲在中世纪一直占据垄断地位。1640年，资产阶级的英国革命拉开了西方演讲史上的新篇章。演讲在政治斗争中发挥了巨大作用，这一时期涌现了大量的政治演讲家。

（三）20世纪以来

20世纪以来，西方国家的演讲理论逐渐趋向完善并形成系统。演讲界也从过去重点研究演讲的方式和语言风格，发展到对演讲学、演讲逻辑学、演讲心理学、演讲美学、论辩术、谈话术和演讲发展史的全面研究。演讲专著的大量涌现标志着演讲活动和演讲学的研究进入兴盛时期。

---

① 崔林.演说节目的文化价值.青年记者，2018（31）：1.

演讲 案例 赏析 **01**

视频：乔布斯演讲片段

史蒂夫·乔布斯2005年在斯坦福大学毕业典礼上的演讲

演讲原文：I dropped out of Reed College after the first 6 months, but then stayed around as a drop—in for another 18 months or so before I really quit. So why did I drop out? It started before I was born. My biological mother was a young, unwed college graduate student, and she decided to put me up for adoption. She felt very strongly that I should be adopted by college graduates, so everything was all set for me to be adopted at birth by a lawyer and his wife. Except that when I popped out they decided at the last minute that they really wanted a girl. So my parents, who were on a waiting list, got a call in the middle of the night asking, "We have an unexpected baby boy; do you want him?" They said, "Of course."

参考译文：我在里德学院（Reed College）读了6个月之后就退学了，但是在18个月以后——我真正作出退学决定之前，我还经常去学校。我为什么要退学呢？故事要从我出生前讲起。我的生母是一个年轻的、没有结婚的大学毕业生。她决定让别人收养我。她十分想让我被大学毕业生收养，所以她做好了一切的准备工作，以使在我出生的时候能被一个律师和他的妻子收养。但是她没有料到，当我出生之后，律师夫妇突然决定想要一个女孩。所以我的养父母（他们也在等候名单上）突然在半夜接到了一个电话："我们现在这儿有一个不小心生出来的男婴，你想要他吗？"他们回答道："当然！"

演讲在集中呈现一代人生活方式和观念的同时，也体现着文化价值最基本的内涵。讲述中国故事，传递中国声音，已经成为时代性的需求，表达力的提升在新时代的中国显得尤为重要。在这样的背景下，演讲对于国人表达意识和能力的训练，显然还将产生更为深远的文化影响。①

---

① 崔林.演说节目的文化价值.青年记者，2018（31）：1.

第二节 演讲中的跨文化

　　演讲是一种边表演边讲述的表达自我的活动。在中西方国家中，演讲方式的呈现既有共同之处，又具差异性。演讲与文化有着不可分割的联系，二者相辅相成，中西方演讲的差异与相通之处的背后，体现着中西文化的差异性与相似性。

一、中西方演讲的相同点

（一）演讲的对象和场合

　　中西方演讲都需要明确公共演讲的对象和场合，演讲的目标明确、目的性强。

演讲案例赏析**2**

1924年孙中山演讲片段

视频：孙中山演讲片段

　　孙中山：我们大家都是中国人，我们知道，中国几千年来是世界上头等的强国。我们的文明、进步，比各国都是领先的。当中国进到强劲的时代，正所谓"千邦进贡，万国来朝"，那个时候，这个中国的威名，在世界上是第一的，中国是世界上头等的强国！

演讲案例赏析**3**

丘吉尔1941年演讲片段

视频：丘吉尔演讲片段

　　演讲原文：You cannot tell from appearances how things will go. Sometimes imagination makes things out far worse than they are; yet without imagination not much can be done. Those people who are imaginative see may more dangers than perhaps exist; certainly many more than will happen; but then they must also pray to be given that extra courage to carry this far-reaching imagination. But for everyone, surely, what we have gone through in this period—I am addressing myself to the school—surely from this period of ten months this is the lesson: never give in, never give in, never, never, never, never—in nothing, great or small, large or petty—never give in except to convictions of honour and good sense. Never yield to force, never yield to the apparently overwhelming might of the enemy.

参考译文：你不能从表象判断事情的走向。有时凭空想象会使事情变得更为糟糕；但是缺少想象力的话又会一事无成。那些富有想象力的人们察觉到的危险要多于现实中存在的危险，不可否认，这些危险很多都会发生；然而，他们又必须祈祷被赋予更多的勇气来担负起这不切实际的想象。诚然，对每一个人来说，我们在这个阶段所经历的——我现在对这所学校来说——当然是从这十个月中得到的教训；永不言弃，永不言弃，永远，永远，永远，永远不会——在任何事情上，无论崇高或卑微，伟大或渺小——永不言弃，对荣誉和判断力的信念除外。决不屈服于武力，决不屈服于敌人表面上的强大。

（二）词汇的选择

演讲作为一种正式活动，十分讲究词汇的选择，应当注意以下三点。

第一，要选择通俗易懂的词汇，以便更好地传递需要表达的信息。

第二，选择形象具体的词汇，使演讲内容生动形象，达到立体化效果，通过在受众脑海里再现情景，产生共情。

第三，演讲讲究简明扼要、掷地有声。因此，在准备演讲内容时，应注意删除多余和重复的词汇。

（三）政治导向准确性

演讲还需要特别注意政治导向的准确性，无论在哪个国家都需要格外注意这一点。

二、中西方演讲的不同点

（一）文化差异

中西方演讲的不同特点首先表现在文化差异上。西方文化是直接的、外向的；东方文化是含蓄的、内敛的。西方人喜欢富有激情、生动有趣的输出，这在一定程度上带来了演讲的风靡；东方文化则更侧重"只可意会不可言传"的表达，在语言的表达上也更趋保守。

（二）演讲发言结构不同

中国的演讲大多以寒暄或抛砖引玉的方式开场，中间以论点阐述或提供信息为主，连续论述几个大的信息点，并在其中穿插小的信息点，最后往往以豪言壮语、总结升华中心思想结束演讲。

西方的演讲发言结构则稍有不同，以美国式演讲为例，美国人常常以幽默的方式开场，在中间穿插论证阐述时，基本将论述要点控制在三个以内。西方人在演讲中会不时用幽默的方式来调节气氛。最后，演讲者也常以金句、妙语或者依旧选择幽默的方式结束演讲。

（三）表达方式不同

中国的演讲偏重引经据典，论述时通常采用从大到小、从外到里，最重要的最后说的方式。西方的演讲（以美国式演讲为例）大多采用西方三段式论证，讲究在概念上做精确定义。论述时往往采用从小到大、从里到外，最重要的最先说的方式。

（四）演讲技巧不同

中国的演讲包含的要素较为全面，演讲者会从着装、礼仪、演讲的内容到互动话题等进行设计，演讲时注重技巧，演讲时间相对较长。西方的演讲注重内容而不流于形式，表达真性情，演讲时间相对较短。

演讲 案例赏析 04

西方演讲结尾&中国演讲结尾视频集锦

视频：中西方演讲结尾视频集锦

1.No country in the world can yet say that they have achieved gender equality.（世界上没有任何一个国家可以说他们已经达成了性别平等。）

2.There is a deeper truth that love is love and parents are parents.（还有更深层次的真相，那就是：爱就是爱，父母就是父母。）

3.总有人，山高路远，不辞千辛万苦，为你而来。

4.亲爱的各位，不用慌，背起使命，看远方。

第三节 演讲的时代语境

古往今来,许多令人赞佩的演说家在不同的时代熠熠生辉。演讲的时代语境在不断变化。每一个时代的演讲都承载着不同的历史意义,并反映出当时的社会环境。

一、古代语境下的演讲

中国古代演讲最早起源于以生产劳动为主体的社会生活。春秋战国时代是我国演讲活动第一个发展兴盛的时期。春秋时期的孔子便是集感染力与号召力于一体的超级演说家,在纸张还未产生的时代,孔子演说全凭记忆或者现场发挥。春秋时期在百家争鸣的局面下,论辩演讲大大兴盛,且产生了以宣传思想认识和学术见解为内容的学术演讲。到了汉代,"罢黜百家,独尊儒术"的观点提出后,自由辩论的风气便江河日下。

由此可见,政治和王朝的更替以及文化风俗的变迁,都对演讲艺术起到或推动或牵制的作用,演讲的发展与时代的命运息息相关。

二、现代语境下的演讲

作为人类社会实践活动的演讲,伴随着时代的更迭,一直在政治、经济、教育、军事、外交等方面发挥很大的作用。一场非凡的演讲,可以影响一个民族、一个国家乃至一个时代。各类政治演讲中的身份建构,在政治舞台打拼的同时,也影响着国家和民族的发展走向。

在战争年代,有很多激动人心、一呼百应的"使人激"演讲。这类演讲令人血脉偾张、群情振奋,如第二次世界大战时期美国的巴顿将军、法国的戴高乐将军的演讲。但提及最经典的"使人激"演讲,是马丁·路德·金于1963年8月28日在美国林肯纪念堂的演讲——《我有一个梦想》。

演讲案例赏析 05

1963年马丁·路德·金《我有一个梦想》演讲片段

视频:马丁·路德·金《我有一个梦想》演讲片段

演讲原文: I have a dream that one day on the red hills of Georgia, the sons of former slaves and the sons of former slave owners will be able to sit down together at the table of brotherhood.I have a dream that one day even the state of Mississippi, a state sweltering with the heat of injustice, sweltering with the heat of oppression, will be transformed into an oasis of freedom and justice. I have a dream that my four little children will one day live in a nation where they will not be judged by the color of their skin but by the content of their character.

参考译文： 我梦想有一天，在佐治亚的红山上，从前奴隶的后嗣将能够和奴隶主的后嗣坐在一起，共叙兄弟情谊。我梦想有一天，甚至连密西西比州这个正义匿迹、压迫成风，如同沙漠般的地方，也将变成自由和正义的绿洲。我梦想有一天，我的四个孩子将在一个不是以他们的肤色，而是以他们的品格优劣来评价他们的国度里生活。

三、案例分析——《创业英雄汇》

马丁·路德·金的演讲对全世界的影响非常深远，如今在21世纪，人类变得更加理性和善于质疑，演讲的形式也悄然发生变化，"使人信"演讲正逐步成为职场演讲的主角。

《创业英雄汇》是2014年12月26日中央电视台财经频道推出的首档大型青年创业实战公开课。该节目为创业者搭建实现梦想的舞台，推动中国双创战略。节目中以点带面、树立榜样，通过节目的海选把一大批青年科技创新的好点子、好项目呈现在公众面前，在创业导师的指导下，完成融资、孵化，形成创业机制，使产品上市，造福于民。同时，《创业英雄汇》非常重视媒体的社会责任，有很多优秀的具有公益属性的创业项目也在这个舞台上大放异彩。①

演讲 案例赏析6

《创业英雄汇》陈志成演讲视频片段

视频：《创业英雄汇》陈志成演讲片段

陈志成： 我觉得我还年轻，我有资本去搏一把，但是就是可能实在没有办法说服我的父母。因为这个，从我辞职第一天起，我还得装着自己每天去上班，早上六点半起床，别人以为我去坐到银行的办公桌上审批贷款去了，其实我是骑着共享单车跑到我们的田间地头，去拿着人家农民的农药化肥去看、去问，拿人家的秧苗去摸，去摸人家的土地到底是什么样的……

陈志成的演讲让人印象深刻，每一个项目的展示都尽显当代青年演讲的风采。演讲作为语言的一种重要承载形态，铭时代之变迁，敬名人之不朽。在历朝历代的更替中，演讲的形式不断迭代，但其分享和传播有价值的观点，用思想的力量去引领人的内核永远没变。

---

① 任速雁，王永利.开创"四新"局面 实现三个"提升"——央视财经频道改版成效分析.电视研究，2019（12）：24-27.

第四节 演讲的重要意义

"演说家在演讲里的最高终极旨趣并不在于艺术的描述和完美的刻画,他还有一个越出艺术范围的目的,他的演讲的形式结构毋宁说只是一种有效的手段,利用来实现一种非艺术性的目的或旨趣。"①

一、演讲的目的及作用

演讲的社会目的可以归纳为宣传观点、变革社会和表达感情三方面。演讲活动是演讲者与听众的双边活动,演讲者的演讲目的和听众听演讲的目的,这两者紧密相连而又互为体现。

我国学者周谷城在《演说精粹系列丛书》的总序中写道:"一篇好的演说,或事实有据、逻辑严密,或慷慨激昂、豪气凌云,或声情并茂、引人入胜,或机智幽默、妙趣横生,或数者兼而有之,是以使人坚定对崇高理想之信念;是以使人增加知识,明白道理;是以动人心弦,催人奋发;是以使人欢乐,得到美的享受。"

由此可见,演讲的作用是不可估量的。

二、演讲对于社会的意义

演讲的社会目的也根植于社会的发展中。如闻一多所作的《最后一次演讲》,目的就是鼓舞听众、发展民主运动。当下我国的发展建设非常需要创造型、开拓型人才,其中演讲能力是必不可少的。

演讲是一种技能,与人的思维、智力、知识有着直接的联系。精彩的演讲取决于交流中的内容雕琢和表达中的技巧,必须以敏捷的思维、非凡的智力和丰富的知识作基础,与听众取得共识、引领听众、激起行动。如杨振宁、李政道两位科学家发表的学术演讲,在宣传其科学发现的同时,也有助于社会接受其正确观点,从而推动科学文化的发展。

---

① 黑格尔.美学:第三卷下册.朱光潜,译,北京:商务印书馆,1996:45.

2014年杨振宁演讲片段

杨振宁： 我很高兴今天有机会跟这么多年轻的同学讲几句话。我想你们大概不会想到，我出生的时候中国是什么状态。刚才方博士说了我是1922年在合肥出生的。合肥那个时候是安徽最大的城市，可是没有电灯，我在合肥头六年生长，没有见过电灯，没有见过抽水马桶，没有见过香蕉，也没有喝过牛奶，没见过很多东西。所以那个时候中国是在18、19世纪，我今年已经93岁了，这个93年之间中国发生的变化确实是翻天覆地的。有这么多人口的国家能够在最近的三四十年达到今天这个状态，这是人类历史上的一个奇迹。我希望每一个在座的年轻人都记得，你们生长在这个时代，是多么的幸运。而且现在全世界都看到，中国的经济发展在世界上占领先地位，我想这也是给你们一个机会，为你们自己的前途，为中国的社会，为整个世界的前途做出来能够使得你们将来自己觉得满意的贡献！谢谢！

三、演讲对于个人的意义

（一）演讲能实现自我突破

历史上优秀的演说家几乎都各有自己的正式职业。演讲既是当代社会需要的一种重要能力，也是实现跨界和自我突破的良好途径。

（二）演讲能增强个人自信

演讲可以让发言者在众人面前发表观点、获得认可，是一个最直接、最迅速的让人获得自信的方法。除正式演讲和主旨演讲之外，还有很多日常演讲。比如，跟同学讨论课题、向上级汇报工作、在会议中介绍项目等，只要是将发言者的观点传达给别人、影响别人，这都属于演讲。

（三）演讲有助于拓宽人脉

一次次成功的演讲实战会让人在不同的场合收获不同的听众。思想的碰撞、观点的融合，有利于收获志同道合的伙伴，积累人脉。

演讲案例赏析 8

2020年施一公演讲片段

视频：施一公演讲片段

施一公： 其实我讲得很简单，我想说，生命科学博大精深，我们的生命科学进展已经给世界带来了很多很大的福利，但是，它的探索不仅没有止境，而且我们探索到最后是否看到的是客观世界，都有待商榷。仔细想我在说什么，我会告诉你们到最后我们人类看到的东西是真实的吗？这是一个问题。其实从科学的角度来讲，这不一定是真实的。大家一定会有很多疑问，在这个时候，我希望随着我的幻灯片的进展让大家开始有一些共识。我们所有的感官，加在一起算一下不超过一千种蛋白。这就是我们对所有世界的感知，尤其是视觉，不可思议。对颜色的感知，主要来自三种蛋白——主要，我指的是主要来自——还有一些我认为未知、有争议、有帮助，但不一定是主要的。这样的感知世界，我相信一定是有限的世界。

沟通力是21世纪的货币。近几年来，许多高校都增设了演讲课。在商业化发展的今天，不论是工作的需要，还是在单位或团体中展示自己、表达观点，演讲都应该成为我们应掌握的能力。

第五节　演讲的本质特征

一、演讲的本质

演讲是综合、统一、完整的传达系统，是阐发思想、交流信息、表达情感以感召听众并引导其行动的一种信息传播艺术活动，包括演讲者、听众、媒介、环境四个要素。

二、演讲的特征

从现象入手，演讲最基本的特征分别是——现实针对性、艺术美感性、临场交流性、宣传鼓动性、媒介工具性。

（一）演讲具有现实针对性

演讲是人类的一种社会实践活动，具有现实针对性，给人以真实的现实感和深刻的感召力。演讲者要针对社会现象，针对听众所关心和迫切需要解决的问题发表演说。

阿里巴巴创业初期，马云凭借超强的表达能力，在6分钟时间里成功说服软件银行集团董事长孙正义，争取到2000万美元的投资。他之所以可以做到，就是因为他了解自身产品，同时也知道对方的需求，从而找到双方的共赢点。

（二）演讲具有艺术美感性

作为有声语言艺术表达样态之一，演讲具备声音美和形式美的特性。演讲者可以在字字珠玑、清晰简洁的演讲中，利用声音的抑扬顿挫，速度的快慢、变化，态势的多样化等等，提高演讲的魅力，使其成为具有美感价值的现实口语艺术。

（三）演讲具有临场交流性

在演讲中，演讲者与听众之间的协调性、相互适应性，对演讲的临场交流起到主导的作用。演讲者要注意措辞及内容，要让听众认可演讲的内容，使演讲令人信服，有理有据。演讲当中不可控的因素也比较多。演讲者要能够随机应变，根据听众反馈及时地调整方式和状态。

（四）演讲具备宣传鼓动性

在演讲中，演讲者首先要靠深刻的思想内涵、精辟的见解发人深省；其次要靠炽烈的感情去打动听众、引导听众。一位优秀的演讲者往往是真理的传播者、正义的呼唤者和美好理想的追求者与塑造者。

演讲 案例赏析 9

2014年刘媛媛《年轻人能为这个世界做什么》演讲片段

视频：刘媛
媛演讲片段

刘媛媛：你不是一个禽兽，你是一个人，我更希望我们所有的"90后"们，你们都能成为那种难能可贵的年轻人，一辈子都疾恶如仇，绝不随波逐流。你绝不趋炎附势，你绝不摧眉折腰，你绝不放弃自己的原则，你绝不，绝不，绝不失望于人性！所以我亲爱的"90后"们，如果将来再有人跟你说："年轻人你不要看不惯，你要适应这个社会。"这时候你就应该像一个真正的勇士一样直面他，你告诉他："我跟你不一样，我不是来适应社会的，我是来改变社会的！"

当刘媛媛用"我跟你不一样，我不是来适应社会的，我是来改变社会的"这种有思想、有力量的句子进行阐述观点和见解时，宣传和鼓动作用是水到渠成、自然形成的。

（五）演讲具有媒介工具性

演讲因其自身独特的物质传达手段和独特的传播规律，能够在社会交往中起到信息传递和文化互动的作用。演讲具有跨越时空地域的特点，是信息传递交流的最普遍、最方便的工具。

第六节　演讲的类型区分

从传播的内容来划分，演讲可以分为政治演讲、社会生活演讲、司法演讲和学术演讲等。

一、政治演讲

政治演讲是指为了一定的政治目的，针对国家的内政事务和外交关系表明立场、阐明观点、宣传主张的一种演讲。它包括竞选演讲、就职演讲、外交演讲和政治专题演讲等。

政治演讲的第一特点是鲜明的政治性，演讲者要有饱满的政治热情。其次，政治演讲要有强烈的鼓动性，能鼓舞人民的志气。

演讲要讲究严密的逻辑性，观点明确、有理有据、无懈可击。政治演讲以鲜明而坚定的立场、充实而雄辩的说理来征服听众，促使听众接受自己所宣传的观点和主张，并付诸行动。[1]

演讲案例赏析 **10**

外交部新闻发言人发言集锦

视频：外交部
新闻发言人集锦

华春莹1： 华为跟170多个国家有良好的合作的关系，我想绝大多数国家的领导人会有他们自己的智慧和判断，并采取正确的行动。而且大家也都看到了，尽管美国这么打压，但是中国的企业、中国发展的步伐没有停止。我们希望的是中国同越来越多的国家，或者同更多的国家，同所有的国家，都能本着平等、互利、互惠、共赢的原则来开展合作，我想这才是各国人民都希望看到的。

华春莹2： 现在香港的绝大多数人都生活在恐惧里，并不是因为中国做了什么，而是因为你们支持的示威者干了坏事。佩洛西这样的政要黑白不分，是非颠倒，把香港的暴力、违法犯罪美化成非暴力抗争，为反中乱港分子撑腰打气，其行为之伪善，用心之险恶，实在是令人不齿和瞠目。我不知道佩洛西等人还想让香港的警察流多少血，让香港市民流多少泪、受多少害，才能够找回他们的良知。你想要欣赏的"美丽的风景线"请你们自己独享好吗？我们不愿意也不想分享。在香港，在中国的土地上，你们最终得到的只是黄粱一梦，只会自食苦果！

赵立坚： 蓬佩奥走到哪里，就把政治病毒和虚假信息带到哪里，他刚刚离开捷克，中国驻捷克使馆就忙着消毒，已经发表了消息稿批驳蓬佩奥的言论，简直是浪费大家的时

---

① 刘建明，王泰玄等. 宣传舆论学大辞典. 北京：经济日报出版社，1993.

间。借此机会我想请媒体朋友帮我问一问蓬佩奥，他像打了鸡血一样，日复一日，重复罔顾事实颠倒黑白的谎言，心，虚不虚啊？

耿爽： 美国号称要解决中国和全世界的问题，但这似乎有点大言不惭，美国没有这个责任也没有这个授权，没有这个能力也没有这个水平。美国还是先把自己的事情解决好再说，美方自己到现在还没有批准《联合国海洋法公约》，却整天把公约挂在嘴边，用公约来要求其他国家，你不觉得美方的言行有些太荒诞了吗？如果你仔细审视这种荒诞，你会发现双重标准、霸权逻辑和虚伪丑陋。

二、社会生活演讲

习近平总书记在谈到治国理政时指出，"一种价值观要真正发挥作用，必须融入社会生活，让人们在实践中感知它、领悟它"①。社会生活演讲就是针对人们生活当中存在的社会问题和现象发表的演讲，是最常用的一种演讲形式。同时，演讲活动发生在社会成员之间，是一个社会成员对其他社会成员进行宣传鼓动活动的语言表达形式。

社会生活的演讲不只是个体行为，还具有很强的社会性。社会生活演讲的特点包括：题材广泛，内容活泼，篇幅比较短小，形式灵活多样。

演讲 案例赏析 **11**

垃圾分类、绿色生活演讲视频

视频：垃圾分类、绿色生活演讲

翟士懿： 垃圾通常可以分为四大类：第一类，可回收利用垃圾，包括纸类、金属等；第二类，有害垃圾，像废电池、废灯管等，需要特殊安全的处理；第三类，厨余垃圾，像剩菜剩饭、骨头等，可以用来滋养土地；第四类就是其他垃圾，包括以上三种以外的垃圾。

姚莹： 但随着社会的发展和城市化水平的提高，垃圾围城现象已经日渐严重，提高生活垃圾的资源化和无害化已经刻不容缓。2018年11月，习近平总书记在上海市虹口区指出，"垃圾分类工作已经成为一种新时尚"。为响应上级的号召，为城市的建设出一份绵薄之力，校园里我们的孩子们也纷纷行动了起来，同学们自己动手制作出了一张张"垃圾分类我先行"的手抄报……

---

① 习近平在中共中央政治局第十三次集体学习时强调 把培育和弘扬社会主义核心价值观作为凝魂聚气强基固本的基础工程.人民日报，2014-02-26（1）.

三、司法演讲

司法演讲又被称为法律演讲，包括法庭演讲、法律咨询和仲裁活动，以及其他有关普及法律知识的报告、讲座等。

（一）司法演讲的特点

司法演讲具有严肃性和针对性，尤其在法庭演讲过程中，司法演讲是统治阶级意志的反映，是方针政策的条文化和具体化。法律工作者利用法律演讲，可以具体形象地宣传国家的法律，鞭挞违法犯罪行为，维护公民的合法权益，协助法庭实现司法目的和对公民进行教育。

司法演讲具有政策的鲜明性、材料的准确性、言辞的严密性等特点。

演讲案例赏析012

法庭判决视频

视频：法庭
判决视频

审判长： 依照《中华人民共和国刑法》第一百一十四条，第二十五条第一款，第二十六条第一款、第四款，第六十七条第三款，第七十二条第一款，第七十三条第二款、第三款，第六十四条之规定，判决如下：一，被告人杨某波犯以危险方法危害公共安全罪，判处有期徒刑三年。

吴勇波： 如果打架把门牙打掉2颗以上的，造成轻伤以上的，涉嫌故意伤害罪，应当追究刑事责任，是会被判刑的；如果打架把门牙打掉1颗，不构成轻伤的，则不构成故意伤害罪，不会被判刑，因为根据《人体损伤程度鉴定标准》规定：牙齿脱落或者牙折2枚以上，可以评定为轻伤2级；牙齿脱落或者牙折共7枚以上，可以评定为重伤2级，根据我国《刑法》第234条规定，故意伤害他人身体的，处三年以下有期徒刑、拘役或者管制。

王洪： 那么法律的获取、判决的证成，当然还包括事实的发现，我们把它看作是司法的领域，所以对法律的思维领域，我们作这样一种划分，就是区分为立法的领域和司法的领域。

四、学术演讲

学术演讲包括国内外学术会议上的学术发言和报告、高等院校内的学术专题讲座、学术评论等。学术演讲不仅要求内容有科学性，还要求有真知灼见，有独到见解，具有一定的创新性，即对原有理论有所突破，构建新的理论体系等。学术演讲要求内容具有高度的科学性，可以说内容的科学性是学术演讲的生命。学术演讲离不开严谨科学的内容，同时要注重理论与实际相结合，持之有故，言之有理。

　　演讲是一个不断发展和丰富的活动，其分类不是固定不变的。但是万变不离其宗，只要掌握好基本类型的特征，就能够应对形式多样的演讲。

第七节　演讲的不同功能

每一种演讲类型都有自己独特的魅力和功能，不同的功能具有不同的特点，承载着不同的社会意义。

一、引导舆论功能

演讲具有引导舆论功能。演讲艺术身负宣传真理、捍卫真理、祛邪扶正的重任，是制造社会舆论的有力武器，它能够唤起民众内心对真善美的渴望，形成正确的舆论导向，使人们认识真理，从而促进社会文明发展。

二、宣传鼓动功能

演讲具有宣传鼓动功能。正如古希腊唯物主义哲学家德谟克利特所说：用鼓动和说服的语言来造就一个人的道德，显然比用法律和约束更能成功。

曼德拉在他著名的出狱演说中提出的自由平等的观念鼓舞了很多人。不难看出，演讲的宣传鼓动功能对建设精神文明起到了巨大的作用。

三、情感交流功能

演讲具有情感交流功能。在演讲中，演讲者如果能唤起观众的情感，就有助于增强演讲的说服力和观众的认同感。因此，优秀的演讲者往往都是运用情感演讲的高手，在恰当时机运用情感代入法，影响并感染听众，使得演讲达到事半功倍的效果。

四、引导启发行动功能

演讲具有引导和启发行动功能。演讲艺术的运用，最终要使演讲内容成为听众付诸行动的动力，使之投身于改造世界、变革现实的社会实践之中。比如，拿破仑率部队远征埃及时，曾在金字塔前高声演讲："士兵们，四千年历史，今天从这些金字塔的上面看着你们！"简短的演讲使得法军士气大振，最终取得了胜利。

五、传播知识功能

演讲具有传播知识功能。叶圣陶先生曾说："听就是读，是用耳朵来读。"[①]演讲者往往是具有一定知识修养、知识水平的学者或权威，所以，演讲能使听众从中获得真理，受到熏陶、感染和启发，并指导其实际行动。

演讲对广大听众，特别是青少年，是一种很好的教育形式。同时演讲也是进行自我教育的好形式，演讲者的演讲过程就是自我教育的过程。

✎思考与练习

1.观摩对比中西方演讲视频，分析演讲背后的中西方文化差异。

2.除了书中提及的五个演讲功能外，演讲还有哪些其他的功能？

---

① 叶圣陶.对于中学语文教学研究的意见：在中学语文教学研究会第三届年会开幕式上的讲话 // 张定远.重读叶圣陶·走进新课标：教是为了不需要教.武汉：湖北教育出版社，2004：106-107.

第二章 演讲中的角色定位

第一节 演讲中的表达形式

演讲是一门技术，更是一门艺术，其表达技巧因人、因时、因地各不相同。优秀的演讲各有独具特色的表达形式。演讲的基础表达形式包括宣读演讲、背诵演讲、即兴演讲和半即兴演讲。

一、宣读演讲

宣读演讲经常出现在专业性会议、工作报告或领导讲话上，要求演讲者必须事先精心准备稿件并逐字宣读。宣读演讲看似简单，实际并不容易做好，演讲者可能会出现拿错稿件、埋头看稿等错误。埋头看稿会导致演讲者缺乏对象感，与观众之间没有互动和交流。宣读演讲的核心要点是：备稿，即熟悉稿件，明白稿件的中心思想，做好停顿、连贯，大声、流利、顺畅地宣读稿件，让观众听清楚、听明白。

演讲 案例 赏析 01

印度外交部长克里希纳照稿宣读乌龙事件

视频：照稿宣读乌龙事件

主持人： 印度外交部长克里希纳昨天在联合国安理会发言时自摆乌龙，错将葡萄牙外长的发言稿当成了自己的稿子，对着台下议会代表念了起来。

画外音： 当天联合国安理会正在召开有关和平安全与发展问题的会议，轮到印度外交部长克里希纳发言时，克里希纳拿起手中的稿子煞有介事地念了起来，完全没有意识到这是葡萄牙外长阿玛多的发言稿。

二、背诵演讲

重要场合比如祝酒、道贺、发表获奖感言等，要求演讲者不能拿稿，而要进行背诵式演讲。背诵演讲最基础的要求是背熟台词，这样才能游刃有余地与现场观众进行交流，让观众感受到"他在对我说"，而不是在背课文。

演讲案例赏析**2**

董卿获《朗读者》制片人奖的获奖感言

视频：董卿
获奖感言

董卿：而《朗读者》节目也就是希望能够彰显这样一种"人之所以为人"的精神。中央电视台作为一个国家媒体，也可以说在这样一个喧嚣的时代，把目光又投注到了最简单也最丰富，最质朴也最深刻的文字的世界，就是要扛起这样一面文化的大旗。我们作为媒体人，也理应在文化的传承和创新的这条道路上一往无前，始终如一。

三、即兴演讲

即兴演讲是在缺乏准备的情况下进行的演讲。注意，这里所指的"即兴"不是张嘴就来，而是要在心里打好腹稿。

（一）即兴演讲的要点

即兴演讲的要点可以归结为"点亮证结"四个字，具体来看：
（1）点明要回应的观点；
（2）亮出观点；
（3）论证观点；
（4）总结观点。

即兴演讲时，运用"点亮证结"口诀，可以帮助演讲者迅速、清晰地组织好语言。这里需要注意，演讲者需要在演讲中与听众保持互动交流，尽量使用短句，并把观点放在演讲内容的前面，比如"我有三点想表达，第一……，第二……，第三……"。

（二）即兴演讲的有效训练

即兴演讲可以从对熟悉的事物发表观点入手，通过录音并回听，找出问题加以改正。稍加训练后，演讲者可以逐渐延长演讲时长、更换演讲内容，适当增加肢体语言。最后，请他人聆听、评价，循序渐进，不断提高。

四、半即兴演讲

与完全靠临场发挥的即兴演讲不同，半即兴演讲事先要经过准备与演练，在正式演讲时凭借简要的提示来帮助记忆，具体的措辞则是在演讲过程中即兴发挥的，即为有准备、有大纲的即兴演讲。半即兴演讲更加自然，更容易体现交流感和亲切感，与即兴演讲相比，能更精准地把握主要观点，避免跑题。不仅如此，半即兴演讲能灵活适应各种场合，同时也更能体现演讲的交谈式特性。

演讲中的表达形式多种多样，不同形式的演讲，适用于不同的场合及情景。演讲者可以在所需要的情景下选择适当的演讲形式，进行一场精彩的演讲。

第二节　演讲中的批判思维

演讲是一种战略性沟通，演讲者掌握演讲语言不仅需要驾驭词汇、进行发音训练，还要在生活当中通过实践不断地历练。基于此，演讲者需要训练一些相关技能，如具备批判性思维，即在交流时，区分事实与观点判断论述的真实性及评估证据的合理性。

一、批判性思维的定义

演讲中最重要的部分是思考，其中思辨力的养成乃其要义。所谓思辨力，即批判式思维能力，指富有质疑性、洞察力与逻辑性的思维，是对已有观点与现象进行评价、反思并形成独立观点的思维。[①]

关于批评性思维的理解，国内外学者早已广泛探讨。加拿大非形式逻辑与批判性思维协会前主席罗伯特认为，"批判性思维是指关注人们相信什么或做什么的合理的深思熟虑的思维"[②]。此外，尼尔·布朗等学者认为批判性思维是对外界信息进行批判性考察，并做出积极选择的思维，是人们可以应用于实践的技能。同时，掌握批判性思维也是训练逻辑能力的过程，通过积极熟练地分析与评估，在观察、试验、反省、推理、交流中所获得的信息，可以用来指导实践活动。

以上的综合性定义中，除了介绍了批评性思维的质疑性与反思性之外，还清楚地表述了其中所包含的逻辑思维部分，包括归纳、推理与演绎等方面。

二、如何培养批判性思维

（一）审视演讲题

审视演讲题，对演讲题形成质疑与挑战。演讲者对演讲题本身明示或隐含的观点并非不加分析地接受，而是以质疑性的目光对其进行思考。演讲者的自我观点是在质疑与反思的过程当中逐一审视并否定其他观点后作出的决定。在演讲训练当中，我们需要用批判性思维对主题观点进行质疑思考。通过大量的实践练习，我们逐渐养成质疑与反思的习惯，进而提高批判性思维的能力。

---

① 罗坚，邱涤纯. 英语演讲与辩论中批判性思维能力的培养. 海外英语，2012（5）：250-251.
② ENNIS R H. A Logical Basis for Measuring Critical Thinking Skills. Education Leadership, 1985(43): 44-48, 85.

（二）培养洞察力

演讲者提高批判性思维能力，还需要培养洞察力。洞察力是集敏锐的感觉和丰富的知识为一体而呈现出来的一种能力。[①]具有出色洞察力的演讲者能够在背稿的时候剖析主题的内涵，并且能够发掘独特的切入点，运用充实的材料对自身的主题展开论证。

（三）培养逻辑能力

除洞察力外，逻辑能力的培养也至关重要。在演讲中，因为逻辑思维贯穿于批判性思维的全过程，无论是质疑性思考还是对题目本质的探寻，抑或是设定演讲框架、组织论证素材等，都需要良好的逻辑思维能力。因此，具备良好逻辑能力的演讲者，其批判性思维可以得到有力的支撑。

演讲 案例赏析 **03**

养成批判性思维的五种方式，你会几种

视频：养成批判性思维的五种方式

演讲原文： One: Formulate your question. In other words, know what you're looking for. This isn't always as straightforward as it sounds.

Two: Gather your information. There's lots of it out there, so having a clear idea of your question will help you determine what's relevant.

Three: Apply the information, something you do by asking critical questions. Facing a decision, ask yourself, "What concepts are at work?" "What assumptions exist?" "Is my interpretation of the information logically sound?"

Four: Consider the implications.

Five: Explore other points of view.

This five-step process is just one tool, and it certainly won't eradicate difficult decisions from our lives.

But it can help us increase the number of positive choices we make.

Critical thinking can give us the tools to sift through a sea of information and find what we're looking for.

And if enough of us use it, it has the power to make the world a more reasonable place.

---

① 许学燕.英语辩论中批判性思维能力有效培养.校园英语，2018（7）：232.

参考译文：第一，明确你的问题。换句话说，知道你想要什么，这有时并不如想象中来得直接。

第二，收集信息。信息无所不在，明晰你的问题可以帮你决定哪些信息是有用的。

第三，运用信息。可以通过问关键性问题，对信息加以运用。面对一个选择时，问问自己：要用到哪些概念？存在几种假设？我对信息的解读符合逻辑吗？

第四，考虑后果及影响。

第五，了解其他观点。

这五个步骤仅仅是工具，也不可能完全消除我们所面对的难题，但却可以帮我们做出更多更好的决定。批判性思维方式能帮我们筛选信息，找到我们真正想要的东西。而且如果更多的人具备批判性思维的能力，这个世界将变得更加理性。

学习演讲技巧能够在诸多方面提升我们的思辨能力。在演讲当中学会的技能，同样可以套用在日常生活中。规划演讲结构时，演讲者可以练习如何有逻辑地组织语言，从而清晰地表达观点，与此同时，演讲者的逻辑思维能力也会得到强化。

第三节 演讲中的倾听记录

在演讲中，"说"很重要，"听"亦如此。优秀的演讲者应该学会倾听，根据目标受众的需求量身定做演讲内容。

一、倾听的重要性和种类

日常生活中，人们大部分时间都在倾听他人讲话。带着感情和开放思维积极主动地倾听他人，将大大改善倾听效果。美国的史迪芬·E.卢卡斯在《演讲的艺术》一书中，将倾听分为四种类型。

第一种，欣赏性倾听。为了愉快或享受而听，比如听音乐、喜剧、娱乐笑话。

第二种，移情性倾听。这是为了向讲话人提供情感支持的倾听，比如我们倾听处在痛苦之中的朋友的倾诉。

第三种，理解性倾听。为理解一位演讲者的信息而倾听，比如学生听课。

第四种，批判性倾听。为对听到的消息进行接受或拒绝的评判而倾听。比如听到广告销售人员在进行销售宣传。

二、如何倾听

（一）积极倾听

首先，做一个假设——在演讲的时候，他人表现出缺乏兴趣并勉强应答的时候，你会有什么感受？一般情况下，人们对此会感到不舒服。

那么我们换位思考一下，作为倾听者，如果没有时间或者不想听，将如何应对这个问题呢？我们可以委婉地告知对方："对不起，我很想听你说，但是我现在没有时间。"但是，如果选择倾听，那就调整心态，积极倾听，或许会有意外的收获。

（二）宽容倾听

要带着宽容的心态倾听。在演讲的过程中，要等到完全理解了演讲的意图和内容，并且能够意识到自己可能存在的偏见后，再做出正面或负面的判断，不要过早下结论。如果能够带着宽容的心态耐心倾听听众的反馈，分不同时段照顾不同的听众，那么演讲一定会更加出色。

（三）良好的倾听习惯

要养成良好的倾听习惯，把注意力集中在听懂、理解对方所说的话上。在倾听过程中有一些小技巧，例如，与演讲者进行眼神交流、注意演讲者的言语和非言语行为、有耐心地倾听演讲者的所有演讲内容等。要避免有碍倾听的不良习惯，如随便插话打岔、任意评论和表态等。

演讲中的倾听记录有助于听众回忆演讲内容。当演讲者在内容呈现上速度较快时，听众可以通过记录演讲者的演讲主题、演讲要点，帮助自身对接下来的演讲内容进行深入学习、理解。

倾听记录的能力，不光是在演讲中有用，在课堂上做笔记、开会时写会议纪要，甚至在帮别人解答问题的时候，这一技巧都能贯穿其中。

第四节　演讲中的听众心理

演讲时，让听众自愿倾听、自主接受是演讲者们努力的目标。听众可能聚精会神地听讲，也可能在听讲时走神。演讲者可以强迫在场听众听完演讲内容，但无法保证所有听众都能将演讲内容听进去。想要吸引听众，演讲内容必须包含两种信息：一是演讲者要传达的信息，二是听众想得到的信息。

一、演讲的听众心理

演讲者要掌握听众的心理活动，这正是所有成功演讲的出发点和关键。对此，要求演讲者必须剖析听众，提前了解听众需求，将演讲内容与听众紧密相连、息息相关，这样才能对听众所需"对症下药"。

二、如何进行心理分析

（一）听众规模

听众规模的大小会影响到演讲者的措辞、诉求方式及视觉辅助物的运用等。记住一个基本原则：听众人数越多，发言就应该越正式。

（二）环境因素

当演讲者受邀演讲时，尽可能地向筹备人详细询问演讲的环境。可以提前几天查看一下演讲的会场、讲台的位置、座位安排、室内温度及设备的检测等工作。简单来说，就是确认外在环境条件能够保证演讲的顺利进行，更好地把握好环境因素对听众的影响。

（三）听众人口统计学特征

听众对于演讲的接受程度深受人口统计学特征的影响，包括年龄、性别、受教育程度、经济水平、文化背景和个人喜好等。吸引年轻听众的话题也许会冒犯年长的听众，让女性感兴趣的话题也许对男性听众缺乏吸引力，富人和穷人看待世界的角度通常有所不同，而最能影响听众的因素莫过于他们的文化背景。演讲者若能利用好人口统计学特征进行听众分析，一定会收获良多。

（四）听众对话题的意向

演讲中，理想的情况是选取一个既适合听众倾听，又适合演讲者自己演讲的话题。一旦选好了话题，就要在细节方面多加考虑听众的意向。具体来说，演讲者要掌握听众对这个话题的意向和感兴趣的程度，预设听众的观点态度。

（五）听众的知识背景

听众对演讲话题感兴趣，很大程度上与他们自身的知识背景紧密相关。那么，为什么要了解听众对演讲话题的现有知识背景呢？因为这将在很大程度上决定演讲者对演讲内容的设置与呈现。如果说听众听不懂演讲者说的话，那么，不管这个话题他们是否感兴趣，他们都是听不下去的。所以，一般演讲要从较基础的层面来讲起。相反，如果听众对于该话题具备一定的基础知识，那么演讲者就可以从更专业、更详细的角度去进行说明。

现实中我们无法真正走进每一个人的过往经历，但作为演讲者，要尽可能多地去了解其即将面对的听众，掌握他们的心理，从而更清晰达意地向他们表达自己的观点。演讲应做到知己知彼，方可与听众心有灵犀。只有掌握听众的心理，我们的演讲才能走进他们的心里。

第五节　演讲中的互动交流

在演讲过程中，演讲者与听众互动交流的效果，是演讲能否成功的关键。那么演讲者要如何在演讲过程中与听众进行互动交流呢？

一、与听众进行互动交流

（一）演讲者要具备亲和力

演讲者在向听众展示个人魅力和个人风格的同时，更要将自己塑造成愿意与听众交流的对话者。互动交流的前提就是让听众产生信任感，而听众对演讲者的信任源自演讲者的亲和力。这就要求演讲者在演讲当中营造轻松和谐的氛围，和现场的听众们进行朋友般的亲切交流，语气轻松活泼、自然流畅，全程做到心中有人、有对象感。

（二）互动交流采用谈话的方式

演讲者和听众的互动交流应该采用谈话的方式，类似聊天、谈心、探讨式的口吻，随时与特定的某个人进行谈话。这种方式既接地气又深入人心。

（三）互动交流中积极运用态势语言

在互动交流中，应当积极地运用态势语言。态势语言又称为行为语言，它是指用表情、动作或体态来辅助交流的一种伴随语言。演讲者的身体姿势、面部表情、手势和眼神交流都会影响到听众对演讲的认知和态度。

演讲 案例赏析 **04**

李若琦在《一刻讲者》中的演讲片段

视频：李若琦演讲片段

李若琦：我出生于广东，我的口音是不是听得出来？我从小就特别特别好动，我妈妈就去幼儿园看我，刚好那边的那个老师就堵住她，说我是一个男人婆，长大了一定是没有出息的。她为什么这样说呢？我小时候就比较调皮，比较好动，当时的老师还是觉得比较乖、比较听话、比较专心去学习的孩子，才是未来会有成就的。我妈妈当时做了一个很好的决定，她没有跟着老师一起去骂我。她其实是当时发现这个老师有一些问题，希望还是找一个更好的、更包容的教学环境，去让我更好地成长。当时又换了一个幼儿园，换了幼儿园发现，课堂里面，我坐在最后最后一排，（老师）完全就是根本看不到我。为什么呢？当时也是老师觉得我太捣乱了，然后太好动了，会影响别人，所以也是没有太重视我，就把我放到这么一个地位（应为地方或位置）。当时我妈妈就觉得这样真的是不行。怎么办？最后呢，就是把我转到一个国际幼儿园。

二、演讲中的身体语言

古希腊历史学家希罗多德在2400多年前就观察到，相较于耳朵，人们更愿意相信自己的眼睛。当演讲者的身体语言和他所说的内容不一致时，听众通常会更相信身体语言所传达的信息。

（一）眼神

在演讲中，我们通过眼神接触与听众建立联系与信任。演讲中始终要面向听众，要像灯塔一样，慢慢扫视人群，依次与在座的每一位听众进行短暂的眼神交流。当人数较多时，要确保眼神照顾到每个区域。

（二）手势

特定的手势能够增强演讲的影响力，要点是在精不在多。使用手势的原则是不能让听众分心。手势是对演讲内容的辅助，起强调作用或让观点更加清晰。在演讲中，适当地运用手势能够达到意想不到的效果。

（三）身体姿态

演讲时的身体姿态和演讲过程中的行为举止一样重要。演讲时，两脚稍微分开，与肩同宽。双手沿着裤缝自然下垂，眼睛平视前方，让自己找到头顶天花板向上延展的感觉，即整个姿态"站如松"。

练习演讲时，可以精心设计演讲的开场、演讲中互动和结尾的动作，这是改善演讲者与听众交流效果的最简单、最有效的方法。

演讲者在演讲中的互动交流与演讲的效果息息相关，演讲者需要学习如何有效地与观众互动，让观众在潜移默化中接受演讲者的观点。

在与人交流时，比起自顾自说话，边聊边倾听他人会让对方感到自己被重视。演讲中也是这样，演讲者在进行演讲时，"对象感"是靠互动交流来体现的，"目中无人"的态度千万不可取。在与他人沟通的时候，可以多和对方进行眼神交流，或者增加一点肢体动作，或许能收获意想不到的效果。

第六节 演讲后的数据整理

演讲是一个信息传播的过程。在演讲结束之后，听众通过信息整理可以对演讲的内容进行更为透彻的理解与学习，提升信息接受的效果。优秀的演讲者可以通过对演讲内容进行复盘，反思自身的演讲表达，系统性、科学性地分析听众反馈，为后续演讲能力的提升积累经验。

一、数据整理的定义

数据整理是根据统计研究的任务和要求，对统计调查搜集到的大量原始资料进行审核、分组、汇总，使之条理化、系统化，得出能够反映总体综合特征的统计资料的过程。

二、数据整理的意义

演讲后，演讲者可以通过听众的反馈搜集到大量的资料，但内容主要是反映总体特征的原始资料，而且这些资料都是零散的、不系统的，只能反映事物的表面现象，不能说明被研究事物的全貌，更不能体现事物的本质特征。因此，必须对这些资料进行加工整理，使其具有可使用性。

数据整理是演讲结束后的一个环节，它既是演讲效果的调查，又是演讲效果的继续。同时，它还是后续演讲工作开展的前提。演讲后的数据整理在听众分析工作当中，也担负着承前启后的重要作用。数据整理结果是否能够真实地反映客观实际，将直接影响听众分析的准确性，影响到整个演讲工作的质量。

三、数据整理方法

（一）归纳法

演讲者在信息搜集完成之后，可以将数据用直方图分组法、分层法来进行归纳归类，使信息更加清晰，可视性更强。

（二）演绎法

演讲者对信息整理中的文本展开分析演绎，通过散布图、分析图的方式呈现，其数据整理的效果较为直接。

四、数据整理的五个步骤

（一）根据研究目的设计整理方案

设计整理方案主要包括两个方面：一是对总体的处理方法，主要考虑如何进行统计分组；二是确定反映总体特征的相关指标。

（二）统计数据的审核与检查

数据在整理以前，必须要对所获得的数据进行审核，检验原始数据的完整性、准确性和时效性，发现问题要及时解决。

（三）数据的分组和汇总

审查结束后，演讲者需要按照一定的标准对原始数据进行分组。

（四）通过统计表或统计图显示整理结果

在统计分组的基础上，计算每组的频数，整理成频数分布图，绘制频数分布图。

（五）统计资料的积累、保管和公布

由于统计研究当中要经常进行动态的分析，这就需要演讲者长期积累并保管统计的资料。

五、注意事项

曾子曰，"吾日三省吾身"。这句话放在演讲的过程当中，强调的是演讲后的数据整理。数据整理的注意事项具体分为以下几点：

（1）演讲结束后，要及时地进行数据整理，保证数据的时效性；

（2）要保障条件的一致性，所做的数据整理才具有对比意义；

（3）在整理的过程当中，要核对数据的可靠性和真实性，去除无效的数据，避免重复和遗漏等现象的发生；

（4）将数据留存备用。

演讲者在演讲结束之后，要进行相关的数据整理的工作。通过听众反馈的信息，演讲者能够更好地了解演讲中存在的问题，避免后续这类问题再次发生，进而提高演讲的水平。

第七节　演讲后的双向反馈

一、反馈的定义

反馈是指系统把输出信息作用于被控对象后产生的结果再输送回来，并对信息的再输出产生影响，以达到预定目的的过程。对演讲而言，反馈主要来自演讲者和听众两个方面，其中来自听众的反馈最为重要。演讲过程中，任何听众都是选择性理解、记忆和接受。

演讲者在进行反馈信息收集的过程当中，需要进行持续性收集；同时对收集的零散内容进行整合，形成具有参考价值的反馈信息系统。

二、演讲者获得反馈的途径

演讲者获取听众反馈的途径包括：综合性受众调查、专项调查，以及听众的来信、来电等。获取反馈的主要途径是综合性受众调查、专项调查，且反馈信息更具科学性和客观性。演讲后听众来电、来信、来访等方式则是被动获得反馈意见的方式，对听众的背景情况、个人喜好、接受新闻途径方式等条件难以深入分析，虽然可以提供一些参考意见，但是实际运用效果差，参考价值相对较低。

当今社会，演讲者更多地运用举办听众座谈会、建立评论小组等方式征求听众的反馈意见与建议，从而实现演讲内容、途径、方式的进一步提升和优化。

三、如何建立一个较为完善的反馈机制

（一）全面听取受众的反馈信息

演讲者在获取反馈信息时需要做到广开言路，尽可能地扩大获得反馈信息的范围，最大限度地收集信息。在向具有专业素养的相关听众进行调查、统计的同时，要利用演讲传播的广泛性向其他听众群体寻求意见和建议。

（二）科学分析、研究反馈信息

在收集完成相关反馈信息后，需要根据社会背景条件对相关信息进行科学的分类、研究、处理，使反馈信息条理化、系统化，增强其真实性、科学性、合理性，最终推动演讲的优化。

（三）收集反馈信息需要持续性、系统性

演讲者在进行反馈信息收集的过程中，需要进行持续性的收集，同时对所收集的零散内容进行整合，形成具有参考价值的反馈信息系统。

四、反馈的形式和原则

（一）反馈的形式

根据传播学反馈模式的分类，反馈的形式可以分为以下四种。

（1）简单反馈与复杂反馈；

（2）积极反馈与消极反馈；

（3）真性反馈与假性反馈；

（4）即时反馈与迟延反馈。

其中，要消除消极反馈和假性反馈因素，让反馈信息能够反映听众的真实情况。

（二）反馈的原则

听众反馈的研究要遵循四个科学原则。

（1）前瞻性原则：必须具有一定预见性，对演讲具有指导作用；

（2）客观性原则：必须实事求是，不能制造虚假数据；

（3）灵活性原则：如果发现新的问题，必须及时改变调查策略和方法，以求调查结果的准确性；

（4）系统性原则：所有的调查数据必须经过系统分析，利用科学分析手段得出结果。

批判思维教我们带着问题看事情；倾听记录要求我们做到宽容、耐心；掌握听众的心理，让我们做到知己知彼；互动交流让我们学会有亲和力和对象感；数据整理让我们学会总结经验教训；双向反馈让我们学会明辨是非，从谏如流。

✏ 思考与练习

1.在日常生活中，你还接触过哪些类型的演讲呢？这些演讲与本章中提到的有什么异同？

2.在演讲结束后，试着采用一到两种方法进行数据的整理，并加以分析和总结。

第三章　演讲中的语言技巧

第一节　演讲语言中的吐字归音

演讲要言之有物，有情有理。公众演讲不仅对演讲的内容有高要求，更需要演讲者用美好的声音清晰圆润、刚柔并济地表达出丰富多彩的思想感情。声音是演讲者递出的第一张名片，是一种听得到的仪态。

一、普通话的定义

普通话是以北京语音为标准音，以北方话为基础方言，以典范的现代白话文著作作为语法规范的现代标准汉语。

二、吐字归音的练习方法——提、打、挺、松

如何才能够做到在说话的时候吐字清晰、声音饱满、字正腔圆呢？我们知道，口腔是人类语音形成的"制造厂"，只有控制好打开口腔的积极状态，才能达到吐字归音的基本要求。

吐字归音练习的四步法——"提、打、挺、松"。"提、挺"是为了调动口腔状态，"打、松"是为了放松口腔下部，打开口腔。这四个步骤是一个整体，互相联动，缺一不可。

（一）第一步：提，即提颧肌

用手触摸下自己的颧骨，即面部最突出的骨头。轻提颧肌，感受面部有左右拉伸的张力。提颧肌可以使嘴巴张大，发音更清楚。提颧肌时，上唇贴住上齿、唇齿相依，音色会更加明亮，声母、韵母的归音也更到位（见图3-1）。

日常生活中，我们可以通过咬筷子的方式进行练习。

图3-1 提颧肌

（二）第二步：打，即打开牙关

打开上下槽牙，能让舌头在口腔里有更多的空间。这里需要注意的是，为了防止出现口水音和咬着牙关说话的情况，我们可以用"狮子大开口"来做练习。

（三）第三步：挺，即挺软腭

将舌头卷起来，沿着硬腭往后舔，用舌尖顶住软腭，或吸口凉气，找到发"啊"的感觉，或用半打哈欠的方式来发"啊"音。这一方法也能增加口腔共鸣的效果（见图3-2）。

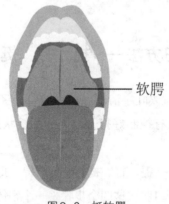

—— 软腭

图3-2 挺软腭

（四）第四步：松，即松下巴

放松下巴和喉咙。下巴紧张时会带动下唇紧张，导致声音局促。找到大口啃西瓜的感觉即可放松下巴。

✏ 练习1

用拳头顶住下巴，上齿往上打开，然后扣在下齿外侧，20次为一组练习。注意：第一次做时，两侧耳根可能会出现酸痛感，属于正常现象。

三、吐字归音的三部分——出字、立字、归音

吐字归音的目标是：吐字清晰、珠圆玉润。吐字归音包括出字、立字、归音三部分。在发声过程中，我们尽量要让每个字的发音过程都呈现"枣核形"（见图3-3）。例如，拼音"bai"的发音：

"b"是字头。b是双唇音，出字的过程，字头有力，标准弹出。叼字如叼虎，就如同母老虎把小老虎移动位置时，咬住小老虎的脖子一般，用准地方、用对力气。

"a"是字腹。发"a"时，注意口腔的开度，音程可以长一点。字腹饱满、拉开立起。字腹是声音响度、饱满度和好听的关键。

"i"是字尾。发i的时候，注意咧嘴和嘴形的变化。字尾一般弱收到位，趋势分明，不能拖泥带水。

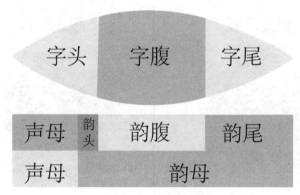

图3-3　"枣核形"

📝练习2

——绕口令《哥挎瓜筐过宽沟》

通过绕口令来整体练习打开口腔四步法和吐字归音的字头、字腹和字尾。

哥挎瓜筐过宽沟，赶快过沟看怪狗。
光看怪狗瓜筐扣，瓜滚筐空哥怪狗。

明代魏良辅在《曲律》第十二则中指出："曲有三绝，字清为一绝，腔纯为二绝，板正为三绝。"其中，"字清"就是字音要清晰。在演讲语言中只有"字音清扬、优美动听"才能使演讲增光添彩。

第二节　演讲语言中的呼吸方法

在公众演讲中，演讲时的呼吸方法不对，会出现演讲者的声音难以掌控全场、进入演讲高潮部分时声音会力不从心等问题。学会科学的呼吸方法对演讲者来说尤为重要。

一、胸腹联合呼吸法

呼吸训练是塑造强大气场的开始，发声的动力来自呼吸的气息。在发声过程中，呼吸的控制是最重要的一环。想要在演讲中声入人心，必须学会呼吸方法。在演讲中我们采用的是科学的呼吸方法——胸腹联合呼吸法（见图3-4）。

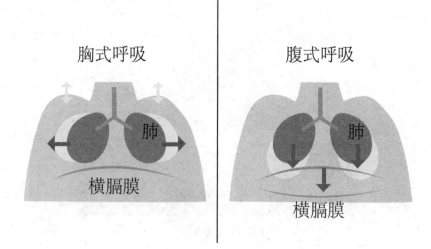

图3-4　胸腹联合呼吸法

二、呼吸要领

（一）吸气

胸腹联合呼吸训练的重点在于，使吸气肌肉群和呼气肌肉群在吸气和呼气的过程中能够协调动作。练习吸气时，双手叉腰，双脚与肩同宽，眼睛平视前方，挺胸，收腹，气沉丹田，两肋向两侧扩张，腰带渐紧。注意：吸气时，肚子并不是往里收的（见图3-5）。

图3-5 吸气

✏练习1

闭上眼睛，把双手放在两肋，想象两肋就是两扇门。用鼻子慢慢吸气，感受两扇门慢慢打开，让气息逐渐进入你的身体。气沉丹田，同时顺着脊柱向上伸展，向下延伸到地底下。保持片刻，而后睁开眼睛。

（二）呼气

在呼气时，只要保持小腹的收缩感，以牵制膈肌和两肋不迅速回弹，把吸到"小气囊"里的气流由口腔缓缓呼出，呼气就完成了（见图3-6）。

图3-6 呼气

除常规的吸气和呼气，还有三种辅助的呼吸方法，分别是偷气、换气和抢气。在演讲中，其实偷气、换气或者抢气是无处不在的，可以根据演讲的内容自主地控制气息。

（三）偷气

偷气就是一种无声吸气的方法，一般在比较舒缓的长句子当中，词尾或者是句尾进行，迅速且不易被察觉。

（四）换气

换气是指当气息不能满足发声需要时，在句子之间或句子之中补充气息的过程。一般在标点符号之后换气比较多。

（五）抢气

演讲者在表达激烈的情感时，气息消耗很快，但又需要在句与句之间或句子中停顿，这时就要急速补充气息，即抢气。

掌握好胸腹联合式呼吸，不仅能在呼吸、共鸣、吐字时让器官的肌肉减少耗能，还能在演讲中让声音刚柔相济、洪亮持久。一呼一吸，启合双唇，学会科学的呼吸方法，不仅是令声音悦耳动听的物理支撑，更是演讲中重要情感表达的功力体现。日积月累，长期坚持，一定能掌握科学的呼吸方法，养成良好的呼吸习惯。

第三节 演讲语言中的发声要领

演讲对于声音的要求极高，演讲者需要对声音进行自我管理，通过后天的刻意训练，寻找最适合自己的发音方式，发出最令人动容的声音。

一、声音从何处来？

世界上有近6000种语言，每一种语言都有其独特的声音，每一种语言都在创造一种发声的奇迹。那么声音从何处来呢？我们发声时，身体就如同一件精密的乐器在"演奏"，就如管乐在发声一般。吸气时，气体充满了胸腔，呼气时，空气从胸腔上升到一段狭窄的通道——喉头，气流在喉头振动声带，就产生了声音。

好的声音是可以练就和管理的。

二、练习气息的方法

会呼吸，声音才能洪亮有气场。下面我们介绍三种发声训练法。

（一）深呼吸的练习

双手叉腰，全身放松，想象有盆花在面前，我们用闻花香的方法慢慢吸气，两肋充盈渐渐打开，保持两秒，呼气，小腹渐回原处，继续保持腹肌微缩状态，再吸气、再保持两秒，慢慢呼出。重复以上步骤，通过深呼吸的练习，可以逐渐掌握并巩固胸腹联合呼吸法。记住一句话："兴奋自然两肋开，不觉吸气气自来。"

（二）慢吐气练习

在正确吸气的基础上，拿一张薄薄的纸片，把嘴唇撮起来，缓缓吹纸片，连绵不断发出"si"的声音。吸气过程中，需要注意的是：气息要均匀。我们可以重复练习，呼吸时长可以逐渐增加，一般25～30秒为合格。另外，我们也可以用朗诵唐诗的方式练习慢吐气，比如"床前明月光，疑是地上霜"，一句话一口气，然后两句话一口气，以此类推，既复习了唐诗，又练习了发声。

（三）胸腔共鸣练习

在演讲中，演讲者用到胸腔共鸣较多，增加声音的张力和厚度，可以给人以真实、可信之感。

可以哼鸣一首音域比较低的歌来练习胸腔的共鸣，或者是模仿摩托车发动的声音。注意：这里所说的共鸣，是指发声时，控制气息下沉，气流流过胸腔、喉腔、口腔和鼻腔等声道，在这些腔体内引发的振动和形成的声音回响。

练习时需要注意胸部放松，吸气不要过满，两肋打开撑住，但不能僵死，呼气时感觉声音从胸部着力点穿透而出。胸腔共鸣练习可以起到控制声音、美化声音的作用。

公开演讲对于声音的要求更高，发声中两大肌群对抗要更有力。演讲者必须通过从身体姿势到呼吸方法的全方位训练，才能养成科学的发声习惯，才能让演讲者用好听的声音掌控全场。好声音的练就并非一日之功，每天进步一点点，才能让量变引起质变。

第四节 演讲语言中的重音训练

演讲时，能够根据内容，选择适当的语速、重音、停顿等变化，准确明晰、生动形象地表情达意、美化语言，可以使我们演讲更加鲜明有趣。

一、重音的定义

中国播音学泰斗张颂教授曾说："一篇稿件，是由许多表达独立意思，蕴含一定感情的语句组成的，语句中的词或词组并不处于完全并列、同等重要的地位，其中，有的重要些，有的次要些。对那些重要的、主要的词或词组，播音时，要着重强调一下。一边突出地、明晰地表达出具体的语言目的和具体的思想感情。我们着重强调的词或词组，就是重音。"[1]

同样地，重音在演讲中也占有主要的地位。在演讲中，并非所有词句的快慢、轻重、高低、虚实都一样，那些最能体现演讲目的，最需要特意强调的字或词就是"重音"。重音的处理方式在于咬字的音量和力度，通常要读得比其他字词重一些。但有些情况下，读得比其他词轻，也能起到突出的作用。同一句话，如果重音不同，那么它所表达的含义也不一样。例如：

"他头上戴着一顶帽子。"

（1）强调是谁时，重音在"他"："他头上戴着一顶帽子。"

（2）强调部位时，重音在"头"："他头上戴着一顶帽子。"

（3）强调数量时，重音在"一"："他头上戴着一顶帽子。"

演讲者根据自己演讲的目的、对演讲内容的理解、演讲时心境和感情等因素，为表达需要，确定重音的位置，并对所强调的字词做出某种声音上的变化。

二、重音的分类

在演讲时，选择重音的时候要少而精。一是突出语句目的的中心词；二是体现逻辑关系的对应词；三是点染感情色彩的关键词。那么重音可以被怎样划分呢？根据重音的位置和表达方法，我们可以将重音分为三种：语法重音、强调重音、感情重音。

（一）语法重音

根据语法结构的特点，把句子的某些部分突出。在示例1中，"计算机学院""恩师的

---

[1] 张颂.中国播音学.北京：中国传媒大学出版社，2003：338.

谆谆教导""学校的全力以赴""工大力量""底气与从容"等都是重音,需要突出。

(二)强调重音

一个句子有可能有两个以上的重音,这就要根据我们的语句目的分清主要重音和次要重音。在示例1中,第二句到第四句的重音是强调重音,每一个数字都需要突出,都是重音。

(三)感情重音

感情重音即用在内心节奏强烈的地方的重音。在示例1中,最后一句话是感情重音,其中,"始终""勇担"和"攀登"是重音。

找对重音是演讲语言技巧的关键。请看示例1。

示例1

2020年浙江工业大学毕业典礼上研究生代表李伟珉的毕业演讲文稿

毕业生: 大家好,我是计算机学院的博士研究生。从家到学校的行程是966公里,27个小时37分钟是车票上不变的印刻;从寝室到实验室的距离是短短的1200米,9年零6个月却是我学术成长路上的见证。2000多个日日夜夜的坚守,让我在无数次的失落彷徨过后,收获了一次又一次的成功与喜悦。如今,手捧2次全国大赛总冠军、4项国家级赛事金奖、6篇高区SCI、8篇中文核心、11项授权专利的我即将走向毕业的校门,此时此刻,心中只有对母校和师长道不尽的感谢。领域TOP期刊的背后,是恩师的谆谆教导;国家级金奖的背后是学校的全力以赴,入职西湖大学攻关国家深海探测重大工程的背后,更是工大力量给予我的底气与从容。未来,我会始终秉承"取精用弘,厚德健行"工大精神,勇担时代使命,攀登学术高峰。

在示例1中,有哪些类型的重音呢?

(1)"大家好,我是计算机学院的博士研究生。"

在这里,"计算机学院"是语法重音。

(2)"从家到学校的行程是966公里,27个小时37分钟是车票上不变的印刻;从寝室到实验室的距离是短短的1200米,9年零6个月却是我学术成长路上的见证。"

在这里,每一个数字都需要突出,是强调重音。

(3)"领域TOP期刊的背后,是恩师的谆谆教导;国家级金奖的背后是学校的全力以赴,入职西湖大学攻关国家深海探测重大工程的背后,更是工大力量给予我的底气与从容。"

在这里，"恩师的谆谆教导""学校的全力以赴""工大力量""底气与从容"是语法重音，需要突出。

（4）"未来，我会<u>始终</u>秉承'取精用弘，厚德健行'工大精神，<u>勇担</u>时代使命，<u>攀登</u>学术高峰。"

在这里，"始终""勇担""攀登"是感情重音。

三、重音的表达方法

在了解重音的类型后，我们如何表现重音？重音的表达方法有三种——强弱法、快慢法、虚实法。具体来说，强弱法是指用声音的高低、轻重来强调重音；快慢法是指用声音的急缓、长短来强调重音；虚实法是指用声音的虚实变化来强调重音。这里仍以示例1为例。

（1）"大家好，我是计算机学院的博士研究生。从家到学校的行程是966公里……9年零6个月却是我学术成长路上的见证。"

这里可以用强弱对比，运用声音的高低、轻重处理重音。

（2）"2000多个日日夜夜的坚守……此时此刻，心中只有对母校和师长道不尽的感谢。"

这里可以有快有慢，用轻重缓急来处理。

（3）"领域TOP期刊的背后，是恩师的谆谆教导；国家级金奖的背后是学校的全力以赴，入职西湖大学攻关国家深海探测重大工程的背后，更是工大力量给予我的底气与从容。未来，我会始终秉承'取精用弘，厚德健行'工大精神，勇担时代使命，攀登学术高峰。"

这里可以用虚实变化来表现。

最后，请欣赏示例1中李同学的演讲视频。

演讲案例赏析

2020年浙江工业大学毕业典礼上研究生代表李伟琨的毕业演讲

视频：李伟琨毕业演讲

重音是语法、逻辑、感情、心理诸方面的综合体现。演讲中，重音是为体现主题服务的，是为听众服务的。把握好重音，演讲一定更动人。

第五节　演讲语言中的节奏训练

演讲时，掌握好节奏，使语言连贯、停顿得当，能让你的观点更加清晰，语言更具感染力。

一、节奏的定义

节奏是有声语言运动的一种形式，由"节"和"奏"两个部分组成。节，既关联着段落的分合，又是操纵制约的分寸；既有时间的长短问题，又有空间的大小问题。奏，即推进，指演讲中创作主体"因势利导"地驾驭声音推进态势的过程。在演讲中，节奏是由整个演讲文稿生发出来的，因创作主体思想感情的波澜起伏而造成的一种抑扬顿挫、轻重缓急的声音形式的回环往复。演讲者驾驭这种节奏变化的能力的高低，在很大程度上直接影响着整个演讲的质量。[①]

二、节奏的类型

（一）凝重型

在处理凝重型语句的时候，要注意：语调应该多抑少扬，语势较为平稳，语音多重少轻，顿挫较多，语句多停少连，语流平稳凝重。示例2第一句话是总起句，属于凝重型。

（二）舒缓型

在处理舒缓型的句子时，语调多为上扬，语音也比较轻柔。

（三）低沉型

在处理低沉型语句的时候，语调压抑，语音较为悲痛，往往停顿地方多、停顿时间长。

（四）高亢型

遇到高亢型的句子，语调高昂，语音洪亮，语句连贯，语流通畅，语势如涨潮，一浪接一浪。

当我们拿到演讲稿时，首先要对内容进行深入分析，然后再进入语言技巧的练习中。在演讲当中，节奏的这几种类型应该如何呈现呢？请看示例2。

---

① 陈萍.试论演讲语言节奏.青海师范大学学报（哲学社会科学版），2005（2）：123–126.

示例2

2020年浙江省"我的战'疫'故事"报告团沈护士的演讲文稿节选

沈护士： 在这里，听到最多的是那一声声发自肺腑的"谢谢"。我记得，我在普爱医院上岗的第二天，护理的是一位病情危重的80多岁的老爷爷。当他看到我时，混浊的眼睛亮了，苍白的脸上浮现出笑容。老人有点为难地说，自己嘴巴很苦，想吃个苹果，当我把洗好的苹果递给他的时候，老人伸出颤抖的双手，不停地喊着"谢谢"。老人的"谢谢"是整个病区最响亮的，因为每一句谢谢他都用尽了全身的力气。

请思考三个问题。

1.这段演讲分几个层次？

2.每个层次的节奏是否有变化？

3.这些节奏分别是什么类型？

（1）"在这里，听到最多的是那一声声发自肺腑的'谢谢'。"

这句是整段话的第一个层次，第一句是总起句，节奏应该是凝重的。

（2）"我记得，我在普爱医院上岗的第二天，护理的是一位病情危重的80多岁的老爷爷。当他看到我时，混浊的眼睛亮了，苍白的脸上浮现出笑容。"

这句是整段话的第二个层次，该句描述的是整个事件的核心，即沈护士和老爷爷相遇的故事，因此，节奏应是较为舒缓的。

（3）"老人有点为难地说，自己嘴巴很苦，想吃个苹果，当我把洗好的苹果递给他的时候，老人伸出颤抖的双手，不停地喊着'谢谢'。"

这句同上一句一样，属于整段话的第二个层次，这一句中老人想吃苹果却非常吃力，但心怀感激之情，因此，节奏应该是低沉的。

（4）"老人的'谢谢'是整个病区最响亮的，因为每一句谢谢他都用尽了全身的力气。"

这句是整段话的第三个层次，最后一句话的节奏应该是高亢的。

节奏是思想感情的律动，运用好节奏的艺术技巧，会给人以美感享受，产生较好的效果。在我们的演讲当中，节奏在不断变化，演讲语言的表达具有流动感，"波浪式"和"曲折性"是节奏最好的航道。节奏技巧需要练习，勤加苦练积铢累寸，一定会更上一层楼。

第六节　演讲语言中的语气训练

张颂先生曾说过："语气，是思想感情支配下具体语句的声音形式。"[1]演讲中，语气的强弱、清浊、长短、深浅、宽窄、粗细的变化，都可以产生不同的发声效果。

一、语气的定义

语气，在语言学里属于句子的"式"，即用一定语法关系表示具体态度。语气是体现演讲者立场、态度、个性、情感、心境等起伏变化的语音形式，它是思想感情、词句篇章、语音形式的统一体。在演讲过程中，各种感情的表达都不是孤立的，语气的感情色彩也不是单一的，它们经常会交错出现，相伴而生。

二、语气的类型

从语言的基本单位——语句的句型来说，有陈述句、疑问句、感叹句、祈使句四大类。因而在演讲时，也相应有陈述语气、疑问语气、感叹语气、祈使语气的区分。

从语句表情达意的内容来说，有表情语气、表意语气、表态语气。

从表达方式来说，又有叙述、描写、抒情、议论、说明等不同的方式，它们各自的语气也不一样。

从所表达的内容和其中蕴含的表达者的思想感情来说，更是千差万别。因而所用语气的平转急缓、张弛高低也各不相同，变化万千。请看示例3。

示例3

2020年浙江省"我的'战疫'故事"报告团沈护士的演讲文稿节选

由于年迈加上病情严重，老人没能战胜病魔。当老人走到生命尽头的那一刻，他仍然用尽最后一丝力气紧握着我们的手，向我们表达着他无声的谢意。我原本是有泪不轻弹的女汉子性格，可那一瞬间，我忍不住哭了。我暗暗发誓，要尽最大的努力，从病魔手中抢回最多的生命！

（1）"由于年迈加上病情严重，老人没能战胜病魔。当老人走到生命尽头的那一刻，他仍然用尽最后一丝力气紧握着我们的手，向我们表达着他无声的谢意。"

---

[1] 张颂.播音创作基础.3版.北京：中国传媒大学出版社，2011：100.

这一段中有陈述语气、感叹语气。

（2）"我原本是有泪不轻弹的女汉子性格，可那一瞬间，我忍不住哭了。我暗暗发誓，要尽最大的努力，从病魔手中抢回最多的生命！"

这一段更多的是感叹语气。

演讲者沈护士演讲时，眼里始终闪着泪花，沈护士将战"疫"中的每一个故事看作一次心灵的洗礼，故事中的每一位主人公都有其独特的精神光辉，他们的品质在沈护士心灵上刻下了深刻的印记。

第七节　演讲语言中的声音保养

凡是有声语言，尽管有粗细之分、文野之分、巧拙之分、生熟之分，但都会用到声音。美感的传递很奇妙，人们通常对优美动听的声音有着天然的好感。常言道，闻声如见人。或甜美或富有磁性的声音，让人回味无穷，而声音的美，既关乎先天声带发育良好，也与后天保养息息相关。

保养声音六大法

钟南山院士已经80多岁，但接受记者采访时，声音仍然铿锵有力、清晰流畅。虹云是著名播音表演艺术家，声音辨识度非常高，现在已经80岁，但她的声音仍然优美动听。那么，他们如何将声音保养得这样好呢？以下是保养声音六大方法。

（一）科学发声

说话之时，即养声之时。客观认识自己的嗓音特点，发声不过于明亮，不追求虚声，发声位置稳定，不偏高或偏低。用自然的嗓音说话，避免"清嗓"的坏习惯，减少对声带的刺激。

（二）睡眠养声

睡眠不足，容易致使肌肉疲劳，造成声带嘶哑。保证充足的睡眠是好声音的前提保障。

（三）健身养声

清晨跑步，可以增强心肺功能和持久力，有助于说话时气息稳健持久，健身即养声。要特别提醒的是在感冒或呼吸道感染时，忌过度说话。

（四）戒药养声

避免长期服用大量阿司匹林、降压药等药物，服药可能造成口腔干燥、声音嘶哑等不良情况。

（五）饮食养声

在饮食上适当摄取A、B、C族维生素，多吃对嗓子有益的水果蔬菜，如苹果、香蕉、以及番茄、黄瓜等。清淡饮食，有益于润喉、清嗓和开音。在大量用声后，避免吃过冷和过热的食物。

（六）养心养声

保持内心安定，心平气和，不急不躁，声音即使随着年龄增长，也可浑厚苍劲而不浑浊，沉着稳健而不沉闷，别具韵味。

吐字归音让我们在演讲中的发音珠圆玉润；呼吸方法让我们在演讲中表达自如；发声要领让我们在不同状态下要使用不同的发声方法；重音训练让演讲表意清晰；节奏训练让演讲更加生动；语气训练让演讲更有分量；声音保养让我们健康发声。

✐思考与练习

1.试着观看一段演讲视频，分析其中有哪些节奏类型。
2.观看两段不同的演讲视频，分析其中不同的语气变化。

第四章　演讲中的内容组织

第一节　公共演讲中的道德规范

没有信仰的土地，就培育不出道德的果实。在开始一段演讲内容的组织之前，我们首先要考虑的并非技巧或方法，而应该是道德规范。这是一段公开演讲得以尽情展开的前提。

一、道德的基本定义

道德规范是对人们的道德行为和道德关系的普遍规律的反映和概括，是社会规范的一种形式，是从一定社会或者是阶级利益出发，用于调整人与人之间的利益关系的行为准则，也是判断评价人们行为善恶的标准。[1]

二、演讲者的道德标准

罗马著名的演说家昆提连曾经认为，"演讲者的道德品质是评判其演讲的基本要素"。从传统的观点看，演讲者的人品与演讲本身的质量密不可分。亚里士多德也有过评论："演讲者自身有说服力的三个原因是实践、智慧、美德和善意。未能展现有这三条或者是其中的任何一条，演讲者就会在其言论或建议当中犯错。"[2]

亚里士多德认为演讲者需要达到的三个标准。

第一，实践智慧和理性。意味着演讲者是有洞察力的，能够进行明晰的推理。

第二，美德。意味着演讲者是诚实的，不会故意对听众撒谎或者是向听众隐瞒所需的信息。

第三，善意。意味着演讲者只会支持对听众有利的事物。

任何演讲的评判标准必须包含演讲者的道德品质，道德品质对应的是亚里士多德认

---

① 中共中央马克思恩格斯列宁斯大林著作编译局.马克思恩格斯文集：第 1 卷.北京：人民出版社，2009：550.

② 转引自哈斯林.演讲力：从听众出发.北京：世界图书出版公司，2010：251.

为的信誉证明：除非听众认为演讲者的品德良好，否则逻辑证明和情感证明都是不具备说服力的；对人品存疑的演讲者，听众会质疑证据的可靠性，拒绝被任何有企图的情感诉求所感动。

结合亚里士多德的观点，我们提出演讲者的三个道德标准。

（一）演讲者应具有洞察力

并非所有的演讲者都有洞察力并且十分理智，也总是有观众会为不合逻辑的演讲鼓掌或者是被他人所影响。因此，要由明智的评论家来判断演讲者是否理智，也就是那些用批判的耳朵倾听，并且能够了解演讲者的信息是否符合理性标准的那些人。

（二）演讲者应当讲真话

衡量良好人品的重要标准是诚实。我们希望人们在公开演讲的时候说的是真话，但是谎言并不是那么容易就被发现的，而且很难被证实，因此需要道德约束。

（三）演讲内容应当符合听众的最高利益

演讲内容应当符合听众的利益，演讲者之于受众应当是善意的。面向不同的听众价值判断及价值导向可能完全不同，比如，烟草公司的经理在面对大众和烟草供应商进行宣讲的时候，利益导向是有差别的。问题是，对于一个团体的好处，是否能够弥补对另一个团体的损害？我们不可能总是对这种事来立法，因此就需要道德标准来对演讲对象加以选择。

道德规范不仅有利于演讲的顺利开展，也可以加强家庭和社会的凝聚力，重建价值理想精神家园，同时对于演讲者塑造其健全的人格也起到了很重要的作用。

第二节 演讲主题的选择与提炼

俗话说："好的开始是成功的一半。"一段成功的演讲与主题的选择息息相关。主题对演讲起到了提纲挈领的作用，是贯穿演讲活动的核心。演讲需要围绕主题进行展开，既要能够满足观众的需求和兴趣，同时也要能够在普遍真理中发掘意义。那么要如何选择好的主题呢？如何给说话艺术构建一个灵魂呢？

一、如何选择演讲主题

首先，主题的选择一定要鲜明深刻。演讲活动中必须阐述特定的问题，一般一次演讲只能有一个主题，应该鲜明突出、一以贯之，要能够给听众留下深刻的印象，造成强烈的冲击与共鸣。

第二，适合听众的需求。演讲者在选择主题时要充分考虑听众的实际情况和需求，根据预设的听众群体特点来确定。

第三，切合演讲者的自身实际。演讲者在选择演讲主题的时候，要考虑好自身的实际情况，从自身知识结构、心理素质、演讲经验、性格特长等各方面的条件出发，选择能够把握和驾驭好的主题，这样才能够做到驾轻就熟，游刃有余。

演讲 案例赏析 **01**

2019年习近平主席出席亚洲文明对话大会时关于"文明冲突"主旨演讲片段

习近平主席：每一种文明都扎根于自己的生存土壤，凝聚着一个国家、一个民族的非凡智慧和精神追求，都有自己存在的价值。人类只有肤色语言之别，文明只有姹紫嫣红之别，但绝无高低优劣之分。认为自己的人种和文明高人一等，执意改造甚至取代其他文明，在认识上是愚蠢的，在做法上是灾难性的！如果人类文明变得只有一个色调、一个模式了，这个世界就太单调了、也太无趣了。我们应该秉持平等和尊重，摒弃傲慢和偏见，加深对自身文明和其他文明差异性的认知，推动不同文明交流对话、和谐共生。

二、主题的四种提炼方法

（一）抓动机

动机像启动火箭的燃料。什么是动机呢？动机是指与主题有联系，或可以发展、提炼并形成主题的主题意蕴。

（二）练意境

演讲的意境是指演讲者主观的意思——也就是思想感情，与现实的生活现象的辩证统一。深邃优美的意境，会使演讲的主题诗意化，产生巨大的艺术魅力。演讲者应该善于在现实生活中捕捉具有诗情画意的情节、细节、场景，结合自身的感受和理解，达到客观与主观的统一，熔铸成深而美的意境。

（三）找哲理

演讲主题要具有深刻的内涵，揭示生活的哲理。演讲者应该善于根据演讲主题的需要，对客观事物进行辩证唯物主义分析，综合发现事物的运动、发展、变化的规律，揭示其本质，并把它凝练成为一种哲理，使之贯穿于整个演讲之中。这样的演讲主题将会闪烁着理性的光芒，给人以深刻的启迪。比如下面这段视频。

演讲案例赏析**2**

2016年《我是演说家》——董仲蠡《教育的意义》演讲片段

视频：董仲蠡演讲片段

我们尊师重道，早在我们文化的缘起，就已经将孔子这位伟大的教育家立为我们文化的精神图腾。而对于教育的执念，即便在最困苦的岁月最艰难的日子里，总有人不抛弃，总有人把教育重新拾起，它是奉还于我们的神坛。

曾经，我们说读书无用，才学与财富不成正比，造就了这个社会浮躁的状态。然而什么都可以浮躁，唯独教育不可以。教育是什么？教育是社会良心的底线，是人类灵魂的净土，是立国之本，是强国之基。教育有啥用？教育就是帮助我们个人认知自己，帮助这个民族认知自己，我们才有可能掌握个人的命运，并且创造这个国家的未来。我们作为教育者，作为受教育者，要始终谨记教育读书的终极目的——为天地立心，为生民立命，为往圣继绝学，为万世开太平。

（四）出新意

艺术作品贵在于创新，演讲主题提炼要独辟蹊径，别具匠心，要用自己的心灵去感知别人看不见的东西，把对生活独特的感受、独立的思考、独到的评价贯穿在整个演讲过程当中，给人以一种耳目一新之感。

三、如何提炼出新颖的演讲主题

提炼出新颖的演讲主题，需要做到以下三点：

（1）要具有怀疑动机，敢于对事物或者是观点提出怀疑；

（2）要具有抗压性动机，锐意进取革新；

（3）要具备自变性动机，也就是自我否定，打破设限。

选择一个好的演讲主题是决定讲话能够成功的先决条件，而演讲的精髓正是来源于演讲者的内心和生命的体验。

第三节 做听众分析与资料收集

一、听众分析的重要性

普通的演说家活在自己的世界里，而伟大的演说家时刻活在听众的世界里。

听众是演讲这一活动话语场的中心角色。任何演讲，其成功与失败的关键都在于听众对于演讲的接受度。因此，在演讲前开展听众分析十分必要。

二、演讲的两个基本信息

每一场演讲都有两个基本信息：一是演讲者传达的信息，二是听众接收到的信息。通常情况下，人们大多以自我为中心，希望听到的是对自身有意义的话。比如，遇到一些可能影响到自己切身利益的价值观信仰的内容，他们会更倾向于认真地聆听、积极地思考。

人们普遍是以自己的经验来理解事物的，因此，我们需要掌握听众更相信和正关心的东西，并加以分析，这也是取得良好的演讲效果的必要条件。

三、在演讲前开展听众分析

（一）分析听众总数

在一场演讲中，听众总会影响演讲者的语言应用、形象设计，以及视觉辅助物的采用。小型的演讲中，演讲者衣着和表达都可以比较轻松、生活化一些；而在大型的演讲过程当中，一般则要求演讲者从衣着到表达形式，再到视觉辅助物的运用都要严谨而大气。

（二）分析听众的人文特点

人文特点包括听众的年龄、性别、受教育的文化水平，当地的经济发展的情况、文化的特点、民族背景等。分析听众的历史人文特点，能够协助演讲者预测听众对于演讲所做出的反应。

（三）分析听众对话题讨论的兴趣爱好

想要明确听众对话题的兴趣度，首先需要了解他们的兴趣爱好。当演讲的内容太过于生僻，或者是专业离听众的生活太过于遥远的时候，听众不感兴趣，甚至会有些抵触，这个时候就需要及时地转换话题。

（四）分析听众的心理状态

对一些影响自身切身利益、自身幸福的内容，听众不但会听，而且会积极地思考、努力地消化。演讲者需要分析听众的心理状态，了解他们的内心诉求，随后尽可能积极地去思考并融入它。

讲话不是讲给自己听的，而是讲给听众听的；通过分析听众，调节演讲的基调，可以收到更好的演讲反馈。

四、资料收集

做好听众分析之后，我们还需要做资料的收集。所收集的资料包括如下内容。

（一）直接材料

直接材料是指演讲者通过亲身的观察和体验感受而获取到的感性材料，也包括演讲者自身的人生阅历、思想经验等。

（二）间接材料

间接材料是通过图书、文献、网络、电视等媒介而获取到的资料，经他人的实践和体验总结出来的知识和经验。

五、收集资料的途径

（一）调查实践

想要在演讲中以情感人，就需要演讲者倾注真实的情感，进行"亲力亲为"式演讲，通过自己的亲身实践来获得第一手材料。

（二）博览群书

虚心地肯定和利用他人的经验成果，博闻强识，孜孜不倦、积极主动地将博杂和专攻进行结合。

（三）归纳思索

应该坚持每天对自己接触到的信息进行归纳整理，所谓"笔耕不辍"。演讲者需认真地发掘思考，并且将各种信息材料加以综合，从中提炼出自己的见解。

第四节　演讲策略的组织与论证

先谋而后动，方为胜。优秀的演讲者懂得通过对自身优劣势进行客观全面的系统化分析，从而策划出演讲的核心要点和表现形式。

一、演讲稿组织结构的重要性

演讲稿的组织结构非常重要，条理清晰的演讲内容会让演讲人更容易获得听众的信任与好感。反之，结构混乱、言语无序的演讲内容，会让听众难以听懂，产生困惑，甚至排斥。

演讲 案例赏析 **3**

2015年康辉在中国传媒大学演讲《念念不忘，必有回响》片段

视频：康辉
演讲片段

康辉： 基础的扎实往往是要下很多的笨功夫和慢功夫，否则就会行百里者半九十。就像学习播音主持专业的同学，在这几年当中，你要知道，如果你没有每一天认认真真地去练声，那么未来也许它就会成为你向着媒体行业的你期望的目标飞奔过程当中，脚下的那些障碍和绊脚石。在这些年当中一定要记着"念念不忘"这四个字。最后我还想再重复一下，进入中国传媒大学是各位正确的选择，进入媒体行业也将是各位正确的选择。中国传媒大学欢迎你们！

请思考问题：康辉的这篇演讲是如何进行结构安排的？

在这次演讲中，康辉非常科学而又巧妙地安排了话语的构架。他以主题的顺序来安排自己的这次演讲。从这个人人都想飞奔、人人都唯恐落后的时代，到基础的扎实，往往要下很多的笨功夫，再到念念不忘，必有回响。如此的主题安排使得整个演讲能够顺畅地推进，显得条理清晰，也让听众始终保持兴趣，不知不觉就跟随着演讲者走进了他的内心世界，分享了他的人生感悟，从而产生了良好的演讲效果。

可见，演讲高手的秘诀就在于演讲前对于演讲策略的合理安排。

二、要点的选择策略

（一）要点的数量

不管一个演讲要讲多长时间，如果演讲者有太多的要点，听众在理清要点的时候肯定会出现麻烦；如果每一样都重要，那么就没什么要点可言了。要点太多的时候，可以把它们进行分类和压缩。

（二）要点的策略顺序

一旦确立了演讲要点，就需要确定这些要点在演讲中的排列顺序，这将影响到观点表达的清晰度和说服力。顺序一般取决于三个方面，演讲主题目的和听众可以根据以下几个顺序来安排。

第一，时间顺序。按照时间顺序组织演讲内容，遵循时间模式，也就是按照事情发生的先后时间顺序来正序、倒序、插叙等，讲述内容。

第二，空间顺序。按照空间顺序组织演讲内容，遵循的是方向模式，也就是要点要从上到下、从左到右、从前到后、从里到外等，当然也可以按照其他的路线来排列。

第三，因果顺序。按照因果顺序模式组织演讲内容，表达出因果的关系。

第四，问题求解模式。按照提出问题和求解答案的顺序来组织演讲内容，分成两大块：第一部分显示问题的存在及其重要性，第二部分提供解决问题的可行性方案。还有一种方法，也就是主题顺序，把演讲主题分成若干富有逻辑性和持续性的次主题。

三、演讲的论证方法

要点本身只是一种声明，听众需要得到论证材料才能够接受演讲者的观点，所以演讲者需要掌握论证的方法。

演讲案例赏析 04

2006年马云参加《赢在中国》演讲片段

视频：马云
演讲片段

马云：记得我大学一年级的时候，我是从小自学的英文，我的英文是在西湖边上抓老外的时候练的英文。我们考进师范学院的时候，很多同学是农村来的，发音都不准。我确实是班上最好的，但我这个老师给我的考试成绩是59分，农村来的很多同学考了八十几分、九十几分。我特恼怒，我说，凭什么？怎么评，我的英文翻译也比他们好！但我两年以后我特感谢他。但我觉得人一辈子中被一个人，被你的老师，被谁这么指点过，而且是狠狠地批过以后，如果你没有出息，你恨过以后就算了，你有出息你去思考，两三年以后你会记住这是好事。所以我说你们讲的绝大部分的经历，你们讲的故事，以及在整个案例过程中怎么操作，我碰上过，我完全可以忽悠大家说挺好的，但是这样的话对大家帮助不是太大。我觉得作为评委，我知道我的职责是给大家讲实话。我想把自己这两年创业的一些经验跟大家做个分享，未必是对的，但是确实是我走过的。我有时候说，我讲话有一个很重要的特征，我讲话不是为了讨大家喜欢，也不是说人家讲得语不惊人死不休，我讲话也许不一定对，但我一定是真实的，一定是我自己想的。

在这段视频当中，马云就使用了例证法，用自己求学时的一段经历为例来阐明论证自己的观点，也就是人需要多听听师长的指点和批评。其实演讲中论证观点的方法除了例证法之外，还有很多种其他的方法，比如：

（1）例证法：举一反三，以少带多；
（2）引证法：他山之石，可以攻玉；
（3）喻证法：以此喻彼，深入浅出；
（4）分证法：兵分数路，围而歼之；
（5）反证法：以假为真，出奇制胜；
（6）比证法：两相比较，区别异同；
（7）排他法：淘尽黄沙，乃见真经；
（8）两难法：进退维谷，左右为难。

一篇成功的演讲需要从观点的组建、论据的整理、文章的语言等多个方面进行充分的准备。正所谓"兵无常势，水无常形"，富有策略性的演讲安排十分重要。

第五节 演讲内容的故事化传播

在演讲内容策划中，案例是传递演讲者信念的重要手段，而用故事给听众形成画面感是一个非常好的传递方式。那么，应该如何用心铸造演讲故事？什么样的演讲更容易被听众接受？比起背诵演讲稿，讲故事是不是更容易摆脱紧张的情绪？

爱听故事是人类的天性，我们的祖先很早就会用故事来传递道理。比如，狼来了的故事就告诫小朋友们不要撒谎，而铁杵磨成针的故事则传递了做事要坚持不懈的观点。人们在接受故事的同时，也接受了故事中所蕴含的道理，这就是故事的力量。

故事化的演讲传播更容易被听众接受，同时也能够让演讲者从机械地背诵稿件当中解放出来。不过，我们需要明白，演讲的故事化和纯粹的讲故事是有区别的。

一、什么是演讲的故事化

讲故事中的"讲"就是讲述，而"故事"是人类对于自身历史的一种记忆行为，是真实或者是虚构的，用于讲述对象的事情。一般富有吸引力、有连贯性的故事才能够感染人。

而演讲的故事化需要对细节进行具体的描述，丰富表达重点；要多用亲身的经历和生活中的真实事件，不要拘泥于故事的原型。

演讲案例赏析**05**

2015年陈铭参加《超级演说家》演讲片段

视频：陈铭
演讲片段

陈铭：当然铁山区是崇山峻岭，搜索难度非常大，那天他和两名干警开着一辆吉普车，一户一户地排查摸底。山中有一座老房子，平时并没有经常有人去住，但那天我父亲在外面一看窗户里人影重重，他觉得有点奇怪，他跟另外两个同事说："这样，你们在门口稍微帮我把一下，我进去探探什么情况。"推门进去，中间一张大圆桌，七个壮汉唰地一下全部都站了起来，所以能看见他。

我父亲进门第一件事情是看地上的脚印，地上的鞋印跟当时失窃的军火库的鞋印高度吻合。他就大大咧咧地笑，一边笑一边往里走，"大家聊什么？"所有的人都看向这，七人当中的一个是团伙的头目，这个头目向桌子的左后方挪动，后面有一张床，他慢慢地把手伸向枕头的方向。我的父亲一秒钟都没有停顿，一个箭步钻到他的身后，右手先一步把手枪从枕头下面抽出来，左手手臂锁喉，右手手枪抵头，然后对所有人都说："不要动！全部都不要动！把枪放下。"剩下的六个人掏枪的掏枪，解衣服的解衣服，一圈一圈的手榴弹。

情况万分危急，怎么办？

出乎所有人的意料，我父亲把左手松了下来，他不仅把左手松了下来，他还把右手老大的那柄手枪递给了老大的手上。他不仅把那一把手枪递给了老大，他还掏出了自己枪套里的那把64式手枪放到了桌上，跟着自己的警官证一起推了过去。

我父亲从我小的时候就跟我说："战士的生命就是枪，任何时候枪不离手。"但是在那一个瞬间，他把他的生命推了过去。其他人的枪都放了下来，老大也回头看他——你什么意思？

我父亲还是笑，"你知道就这个屋子我们已经盯了多久了？就现在外边里三层外三层，军方、警方已经全部围死了，里面只要枪一响，外面立马开火，一个人都活不下来。肯定的，我今天敢进来就根本没想出去，我来是来跟你聊聊天的。你是老大吧，你知道你今天偷的枪支弹药的数量被法院抓了，怎么判都是死刑，我来是因为这有条活路。如果今天你放下枪跟我走，我今天敢进来，我就敢用我的命保你这条命不判死刑。你信我，把枪放下跟我出去，活路；你不信我，开枪一起死。你选。"

陈铭在描述做警察的父亲的果敢、坚决时，就讲了一段真实的故事，效果非凡。

二、悉德·菲尔德"三幕范式"[1]

第一幕：建立情境。
第二幕：表现矛盾冲突。
第三幕：问题化解。
每个故事的核心都是第二幕表现矛盾冲突的情境。

三、故事化的本质

故事化的本质就是把演讲情节化，比如，《百家讲坛》中易中天、王立群就擅长把演讲情节化。但同时，我们需要知道，演讲具有明确的目的性，故事是为演讲主题服务的。

四、演讲中故事的作用

（一）调节现场气氛，缩短心理距离

演讲中，个人的故事的运用能够增加听众对演讲者的了解，缩短听众与演讲者的心理

---

[1] 悉德·菲尔德（Syd Field）在《电影剧本写作基础》中阐释了"三幕剧结构"理想剧本创作模式。

距离。

（二）由点及面的扩展

演讲中的事实材料是灵活多样的，个别的典型材料往往能够升华主题。

（三）由表及里的深化

有些事实材料所蕴含的深层意义，需要经过演讲者的升华与提炼，才能够被人理解，发人深思。

（四）由此及彼的引申

可以就某一处出发点加以引申，联想到另一类相关事件。

（五）由陈及新的点化

对往期的材料进行由陈及新的点化，可以挖掘出具有现实意义的深刻内涵。

讲故事是演讲艺术的一项重要技巧，讲好一个故事可以让演讲者与听众之间形成和谐呼应、感情共鸣，增强演讲的感召力、鼓动性和艺术魅力。再深刻的情感，没有事实的烘托，就如同空中楼阁，故事需要建立在现实基础之上。

第六节 故事化内容的选取方法

我们常说，弱水三千，只取一瓢饮。在有限的演讲时间里，要如何从浩如烟海的知识库中截取出最适合演讲主题的故事呢？

演讲 案例 **6**
赏析

2020年陈铭《火神山的故事》演讲片段

视频：陈铭
《火神山的故事》演讲片段

陈铭： 我就认识一位在火神山建筑的建筑工人。他叫骆名良，1月31号，大年初七，本来在家里过年的他突然听说火神山医院急需大量板房设备安装工，他当即决定：我要去武汉的工地上帮忙。他自己开车150多公里，来到了火神山工地，气都没喘过来就直接投入到工作当中。骆师傅跟我说，他每天的工作时间是十几个小时，一日三餐全部都在工地上，为了抢时间，上厕所都是跑去跑回。而最令我感动的是，骆师傅在火神山工程竣工之后，他拿到了一笔7500块的工资，他下午拿到的工资，晚上就到火神山医院附近的蔡甸区公安分局，他跟民警说："同志，你有医院的联系方式吗？我想给他们捐点营养品。"原来骆师傅把他刚刚拿到手的7500工资，换成了140提牛奶，他想把这些牛奶都送给在一线奋战的医护人员，民警帮他联系到了同济医院中法新城院区，骆师傅还特朴实地硬塞给在医院门口执勤的工作人员5提牛奶。就是这样一个又一个像骆师傅（一样）平凡的力量凝聚在一起，构造成了创造希望的力量。

当然我们的社会，我们的老百姓也为火神山的建设贡献出了自己不可磨灭的力量。洛阳一些家具企业连夜打造了价值20万元的文件柜，发货后才跟你说"你不用买，不用钱，这是我们捐的"。河南沈丘白集镇退伍老兵王国辉，大年三十的晚上，驱车300多公里开到了工地上，为工人们带来了8000斤的冬瓜、上海青和香菜。营业不到一年的淘宝店主金辰看到工人们昼夜赶工，可是休息的时候只能坐在地上，于是发来了400个板凳。有时候你甚至觉得八竿子都打不着的一些单位，他们也参与到了火神山的建设当中来。在火神山医院的对面，是武汉中国石化知音大道加油站，这本来是一个特别偏僻冷清的小加油站，一共就只有4个工作人员。可是有一天就这么一个小小的加油站里呼啦啦的来了一大群农民工兄弟，四面八方，祖国各地，都是过来建设火神山的。农民工兄弟们说施工现场全都是泥巴，连个落脚的地方也没有，只有你们加油站亮着灯，我们只能到你们这躲躲雨了。加油站站长李正军说："行啊，你们来，只要你们累了，想休息了，都到这来。"农民工兄弟说饿了，想吃点方便面，加油站员工没二话，拼命地给他们烧水泡面，每天烧了200多壶开水，烧坏了6个水壶。农民工兄弟说没地方上厕所，加油站说我来协调，给他们搞定了移动厕所，几天下来，火神山4000多名建筑工人都知道，中国石化加油站就是他们的"红帽子港湾"。2020年2月2日，火神山医院宣布全面竣工，此时此刻的火神山缺什么，缺的是医生、医护人员，这个时候人民解放军说"我来"。2020年凌晨，经习主席批准1400名军队医护人员，开拔火神山。兰州中川机场、广州白云机场、南京禄口机场，一架又一架军用运输机，从暗夜飞向黎明，从大江南北飞向江城武汉。鲲鹏落天河，驰援火神山。2月2号下午，军队支援湖北医疗队，已进驻火神山医院，从听令出征，到踏进火神山医院的大门，只用了不到12个小时。基辛格曾经在《论中国》中写道，"中国总是被他们之中最勇敢的人保护得很好"。是谁一直保护着中华民族一路走来呢？是我们的火神祝融么？中华民族永续光明的火炬，不是掌握在火神手中，而是掌握在那一盏又一盏彻夜通明的白炽灯之下，是那上千名不屈不挠、无怨无悔的中国工人和无数朴实善良的逆行者们的手中。一丝善念、一份勇气，聚小流以成江海，汇成了一句又一句"我来"。就是这些夜以继日埋头苦干献出自己渺小力量的普通人，用自己单薄的身影，挑起了中国的脊梁。我们相信这次疫情很快会过去，是因为我们相信"人"的力量。我们也相信无论中华民族在什么时候遇到怎样的危难，总有人，山高路远，不辞千辛万苦，为你而来！

"无论中华民族在什么时候遇到怎样的危难，总有人，山高路远，不辞千辛万苦，为你而来"是这篇演讲所要表达的中心主题。演讲者陈铭选取的这段故事紧密地贴合了这一主题，他的表达通俗易懂，听完之后让人感动回味，引发深深的思考。

一、选对故事的三个条件

选对故事需要具备三个条件：贴合主题、通俗易懂、带来启发。

（一）贴合主题

演讲的时间有限，听众的注意力也很有限，因此，所有的事例都要聚焦在主题上，故事要证明或者是支持你的演讲主题。比如《孟母三迁》就是一个众所周知的好故事，用来讲子女的教育问题，说明"近朱者赤，近墨者黑"等主题就非常合适。但是如果用在创业、爱国等其他主题上，可能就不太合适。

（二）通俗易懂

讲故事之前要考虑这个故事是否在听众的阅历和理解范围之内，比如有些故事只适合在行业内分享，其他行业可能会听不懂其中的一些专业术语；而有些故事只适合讲给特定的年龄层听，因为不同年代的人的经历和感受不一样。

（三）启发心智

讲故事的目的往往是讲道理，不能给听众带来启发，或者是给听众带来的启发方向偏离演讲者预期的都不是成功的好故事。比如给孩子讲司马光砸缸、草船借箭的故事等，需要事先考虑好它的启发意义和导向，在故事的结尾可以引导孩子去思考相应的道理。并且还要在故事讲完之后，明确地告诉听众自己想要传递的思想和见解，来点明自己的立场和利益。

二、讲好故事的三个建议

除了上述三个条件之外，还有以下三点建议：故事要典型、脉络要清晰、语言要简洁。

（一）故事要典型

演讲者要善于选择具有针对性、典型性的故事来作为演讲的材料。针对性指讲述的故事必须符合交际情景和谈论话题；典型性则指讲述的故事必须寓意深刻，并能够阐明事理。

（二）脉络要清晰

演讲者要善于安排好讲故事时的结构顺序，力求做到篇幅精短、脉络清晰，注重叙事进程的自然过渡和衔接，以及场面细节的巧妙转换和照应，以便听到的人能够真切了解故事情节发展变化的过程，深入领悟故事的内涵。演讲案例赏析8中，陈铭所讲述的故事就体现了故事完整的结构与分明的层次，事情的起因、经过、结果都讲得清楚明晰又紧凑连贯，大大地增强了演讲的表达效果。

（三）语言要简洁

演讲者要善于运用简洁生动的语言来讲述故事。简洁指语言表达要简明扼要，不说多余的话；生动则指语言描述要有鲜活感，能够吸引人和感染人。在简洁生动的前提下，故事可以形象化地再现人物的活动情景和事件的场面细节，从而增强现场效果。

选择生动形象且感人至深的故事，可以让演讲引人入胜，发人深思，更能够通过再现故事的画面感，掀起故事的冲击波，把握故事的节奏感，在引领听众注意的同时，让听众受到启迪。一个好的故事一定有矛盾和冲突，可以调动听众的情绪，并把它带入到故事的场景当中。

第七节　演讲内容的口语化表达

正如作曲家不一定是演讲家一样，善于写出好的演讲词的人，不一定能够讲得娓娓动听。新时代的新型人才不仅要有开拓进取精神，还要有出众的口才。

马克思认为，语言是思想的直接现实。口语能力不仅仅是能说会道，而且是一个人的智力和语言组织能力、理论素养及口语表达艺术水平的综合体现。口语能力按照从低到高的级别划分，可以分为描述能力、表达能力、议论能力、辩驳能力和幽默能力。

一、口语的基本知识

（一）口语的基本要素

语音包括语调、语气、音量和音长。比如语气词，通过赋予它不同的情感、音量、音长和语调，其所表达的意义也会不同。

（二）口语表达的基本要求

第一，表达要清晰。一般情况下一定要说得清楚，让人能够听得懂、听得明白。

第二，语气要流畅。口头禅这些无意义的词语往往会造成听众的不适。

第三，声音要洪亮。演讲是说给大家听的，声音一定要洪亮，让听众听得清楚，除非说的是悄悄话或者是在说隐私等。

第四，口语化。口头语跟书面语是有区别的，比如演讲者在做演讲的时候，一般是基于书面稿件来进行口语化的表达，而非一字不差、照本宣科地去宣读。

二、口语化实现的三个途径

（一）单音节变双音节

书面语中的单音节字词在口语当中都要变成双音节词，比如书面语中的"此时"，在口语表述的时候就要改为"这个时候"。

（二）文言词变白话词

比如书面语"教育历来被视为一片未加污染的绿洲"，我们在做口语表达的时候就应该相应地变动成"教育历来被人认为是一片没有受到污染的绿洲"。

（三）停顿靠感情和语气

我们要注意的是书面语的停顿靠的是标点，而口语则是靠情感的处理、靠语气的变化来区分。

三、口语表达需要注意

（一）注意选取有利于口语表达，能够充分体现通俗风格的词语

为了适应口语表达的口传耳收的特点，演讲应该多用双音节或者是多音节的词。

（二）注意运用适合于口语表达的句式

在通常情况之下，选取修饰简短和连带成分少的短句，比长句更适合于口语表达。

（三）我们要注意运用适合口语表达的语气

演讲时说话的口气及其表达方式，对实现口语化也很重要。比如，亲切商量的谈心式的演讲就会显得更加的自然真切，更容易缩短与听众的距离。

演讲 案例赏析 07

2018年复旦大学社会学教授沈奕斐在"造就Talk"上的演讲片段

视频：沈奕斐演讲片段

沈奕斐：大家好，我是来自复旦大学的沈奕斐，我是来自社会学系，这是我第三次站在造就的金鹰讲台上。实际上这一次的机遇是因为在两三个月以前有一个帖子说在过去10年里面最火的是100部韩剧，然后我就发了个朋友圈，说在100部韩剧里，竟然有60多部我全部仔细地看过，我而且还做过韩剧的研究。所以我们今天的主题是在谈感性的力量，韩剧的套路和细节的创新。实际上我这次为讲座做了精心准备，大家可以看到我穿了一条需要深呼吸才能穿进去的几年前的裙子，我还特地叫化妆师帮我编了两个辫子，以便于我显得年轻一点。

如果我是在看韩剧的主流群体里面——我们做了一个研究，你可以看到主流的群体是初中生、高中生和大学生，30多岁的称为老阿姨，实际上我这里已经把自己往年轻说了——40多岁的中年妇女，像我这样的只能说是看韩剧的老奶奶了。所以今天来分享这个东西，我就觉得是有点压力的，但是我也想告诉大家为什么我会去做韩剧研究。你会发现我告诉别人我喜欢看韩剧的时候，经常会有人问我，"你为什么会喜欢看韩剧？"但如果我说我喜欢看美剧，人家就觉得挺正常的。是不是韩剧经常被称为"女性的情色片"，所

以他说一个40多岁的女性爱看韩剧，是不是性欲求不满足？是不是缺爱？是不是比较肤浅？所以我觉得我很想拿我在多年来看韩剧的经验来回答这些问题，也为我们那些在看韩剧的中老年妇女来证明。

　　上面这段演讲当中，我们注意到沈奕斐教授虽然是一位社会学的学者，但是她的演讲却非常的口语化，几乎避免了使用书面语词汇，而是依靠情感和语气的变化来进行停顿，表达显得非常地亲切自然。同时她恰当地使用了幽默手段，缩短了跟听众之间的心理距离，为后续观点的输出奠定了良好的基础，从而令整场演讲达到了非常好的效果，这就是演讲口语化的优势。

　　相对来说，书面表达是可以经过反复斟酌的；而在实际的演讲过程当中，这种口语表达则更具备及时性，因此也要求演讲者具有应变能力。

✎思考与练习

　　1.你认为最有效的听众分析方法是什么。

　　2.尝试制定一篇你自己的演讲策略。

第五章 演讲中的表达技巧

第一节 "演"之有"物"：内部与外部统一

演讲是一门艺术，其任务是把精心组织好的内容转化为形神兼备的有声语言。那么，如何将内容"形"之于声、"演"之有物？

一、演讲中的内部技巧

演讲者在拿到稿件后的第一步是分析层次并确定基调。请看示例1。

示例1

浙江省战"疫"宣讲团成员沈护士演讲文稿节选

沈护士：大年三十的凌晨，医院打来跨年电话，告知了出发时间。我几乎彻夜未眠。大年初一，在冬雨淅沥的高铁站台，我们泪别送行的同事奔赴武汉，投身于这场没有硝烟的战争。直到出发的那一天，我也没能和父母见上一面。后来，爸爸告诉我，妈妈每天都守在电视机前，盯着屏幕上医护人员的奋战场面独自悄悄地抹着眼泪。

（1）"大年三十的凌晨……我几乎彻夜未眠。"
这段话是第一层次，主要讲的是沈护士当时的心情，应当用温暖的基调演讲。
（2）"大年初一……投身于这场没有硝烟的战争。"
这段话是第二层次，主要讲的是亲人之间的送别，应当用不舍的基调演讲。
（3）"直到出发的那一天……悄悄地抹着眼泪。"
这段话是第三层次，主要讲的是父母的思念之情，应当用想念的基调演讲。

什么是"演"之有"物"？"演"之有"物"指的是演讲的内容要具体而充实，做到内部技巧和外部技巧的统一。所谓的内部技巧是指演讲文稿在创作过程中所包含的核心技巧，包括情景再现、内在语、对象感三个要素。

（一）情景再现

情景再现是一种联想、想象活动，是以演讲稿的文字为根据展开想象，使稿件中的人物、事件、情绪等在脑海中不断浮现，形成连续活动的画面并不断引发相关态度和情感的过程。情景再现有三个关键点：感受、想象、表达。其中，感受是基础，想象是桥梁，表达是实现。相应地，情景再现要求演讲者在表达技巧上具备三种力，即感受力、想象力、表达力。

（二）内在语

内在语是指演讲稿中的文字语言所不便表露、不能表露，或没有完全、直接显露出来的语句关系、语句本质，也就是演讲语言背后的"言外之意""弦外之音"。每个人对稿件的感受会因为各自的理解不同而有差异。

（三）对象感

对象感是指在演讲过程中意识到对象的存在并与之进行交流、呼应的一种感受。对象感强调的是演讲中的"由己达人"，即要在演讲中流露出与设想对象相符合的态度、语气、眼神、姿态等。

如何在演讲中运用情景再现、内在语、对象感这三个内部技巧呢？这里我们仍以示例1中沈护士的演讲稿为对象，分析演讲中的内部技巧。

（1）"大年三十的凌晨，医院打来跨年电话，告知了出发时间。我几乎彻夜未眠。"

在读这一段，即第一层次时，我们会想象沈护士凌晨接到电话之后在家忙着收拾行李的情景，这是情景再现。

（2）"大年初一，在冬雨淅沥的高铁站台，我们泪别送行的同事奔赴武汉，投身于这场没有硝烟的战争。"

在读这一段，即第二层次时，我们脑海中会浮现的是各个动车站送别战"疫"英雄时不舍的场景，这是情景再现。

（3）"直到出发的那一天，我也没能和父母见上一面。后来，爸爸告诉我，妈妈每天都守在电视机前，盯着屏幕上医护人员的奋战场面独自悄悄地抹着眼泪。"

在读这一段，即第三层次时，我们能感受到沈护士因为怕父母担心，以及时间太匆忙没能见上父母一面的遗憾之情。内在语是"妈妈特别想念我，我也很想念爸爸妈妈"。

（4）因为是战"疫"宣讲团的演讲，所以演讲者会走进社区、走入群众间进行宣讲，整个稿件的对象感会非常明确。

演讲中的三个内部技巧——情景再现、内在语、对象感，是从备稿到演讲，使创作主体思想感情处于运动状态的三种重要方法。在演讲中，只有通过创作主体的主动进取才能理清头绪、设身处地、触景生情，赋予演讲以活力和魅力。

二、演讲中的外部技巧

外部技巧指的是表达思想感情的方法。我们在第三章《演讲中的语言技巧》中分别学习了四个外部技巧：停连、重音、语气和节奏，它们既有区别又有联系，相辅相成。

演讲是在表达思想感情的同时，由己达人、以事醒人、以理服人、以情感人、以美愉人，这也就是我们所说的"演"之有"物"——让内部技巧与外部技巧达到统一。

第二节 "演"之有"情"：情感与情绪统一

演讲是演讲者思想和情感的燃烧。情不深，就不能达到"快者掀辑，愤者扼腕，悲者掩泣，慕者色飞"的演讲效果。

一、"演"之有"情"的含义

演讲者在演讲中饱含着爱与恨、褒与贬、赞与讽、欢与愁、乐与哀等各种各样复杂的情感，这就是我们所理解的"演"之有"情"，而情感和情绪的统一更是使演讲达到跌宕起伏、扣人心弦效果的关键因素。

饱满的情感和愉悦的情绪是演讲的第一步，请看示例2。

示例2

国家奖学金答辩文稿节选

各位评委老师好！我是来自浙江工业大学的徐柳青。在我校2019级本科生开学典礼上，我的一句朗诵词是：戴上校徽的那一刻，我们叫作"工大人"。现如今，我站在了这个舞台上，代表的不仅是一名工大学子，更是祖国千千万万青年的其中之一。为了做好这千万分之一，我想给大家介绍三个词，大家注意到贴在我身上的标签了吗？第一个是：NO.1。

请思考两个问题：

1. 看完这段演讲开场白，你会用怎样的情感来表达呢？
2. 整个开场白分为几个层次呢？情绪上有怎样的变化呢？

这段开场白分为两个层次，第一个层次是"各位评委老师好……我们叫作'工大人'"，第二层次是"现如今，我站在了这个舞台上……第一个是：NO.1"。能有机会参加国家奖学金的答辩演讲，演讲者的状态一定是兴高采烈、愉悦兴奋，正能量满满。因此，在读这一段演讲内容时，演讲者的情感应该是充沛且积极向上的。随着层次的变化，演讲者的情绪应该是逐渐递增的。

二、情感和情绪的表达技巧

情感和情绪是人脑对客观现实的反应，是人对客观事物是否符合自身需要而产生的态度体验。

（一）真情实感

调动真情实感是产生情感共鸣、征服听众的最佳手段。自信、微笑、恰到好处的真情流露，能令演讲直达人心，引起听众的同感，激荡听众的心灵。

（二）饱含激情

积蓄饱满的激情，对于正确鲜明地表达演讲者的思想观点，起着有力的推动作用。

（三）良好情绪

张弛有度的良好情绪是理智控制情感的闸门。表达上可以快中有慢、高中有低、激中有舒。只有态度鲜明、分寸恰当才能与听众产生心灵共振。

演讲 案例赏析 **01**

视频：梁艺
演讲片段

2015年梁艺参加《超级演说家》第三季演讲片段

梁艺： 其实离开《超级演说家》以后，有很多人问过我这个问题，有人问得很直接，"你在这个舞台上被这么多人所认识，一定挣了不少钱吧？"这个真没有。还有人问得很体贴，"你找到你的白马王子了吗？"很可惜，那个待我长发及腰为我推椅可好的人还没有出现。那这个舞台带给我的究竟是什么？是自信吗？是变得更勇敢了吗？我突然放弃了想用一个词汇，一个简单的词汇去概括我的这一年。所以，还不如实实在在地跟大家讲一讲这一年来我所看到的风景、见过的人，以及经历了一些事儿。

今年的春节我是在澳大利亚过的，当然这是托我们《超级演说家》的福，因为他们看到我在节目当中的演讲，邀请我去那边主持华人春晚。在悉尼的时候我收到一条短信，内容只有短短的16个字——"孩子现在状况很好，准备复学，感谢你"。这条短信是来自我的家乡湖南，一个曾经绝望的母亲发来的。她的孩子只有14岁，身体很健康，但是因为从小父母离异而自暴自弃，每天在床上昏睡不起，不吃也不喝，甚至还尝试过几次割腕、跳楼自杀。

妈妈一方面觉得是自己婚姻的失败，导致了孩子现在的情况，非常自责；而另一方面也实在是不知道如何去拯救这个孩子。所以当她机缘巧合地在电视里面看到《超级演说家》看到我的时候，她觉得也许我能够帮到他的孩子。就这样这位母亲找到了我，这是我在离开《超级演说家》之后，第一次有人明确地来向我求助，我原来在被人需要着。这一年我去过了很多的地方，去杭州演讲，去悉尼主持春晚，从一个地方到另一个地方，从国内到国外，我收获的不仅仅是一路的好风景，更多的是来自内心的这种变化。

　　优秀的演说家善用自身的道德情感、理智情感、美好情绪和审美与听众进行交流，这种心有灵犀的碰撞既高尚又美好。真挚的感情和美好的情绪不仅仅表现在演讲中，更存在于我们生活的点点滴滴。

第三节　"演"之有"理"：道理与心理统一

什么是"演"之有"理"？

"演"之有"理"中的"理"着重表达的是道理和心理的统一。当演讲者感受到了演讲文稿中的人、事、物、理之后，演讲主体便会结合自身在长期实践中形成的世界观，对外界刺激物作出估量、判断和评价。请看示例3。

示例3

国家奖学金答辩文稿节选

在此之前，我想问问大家"你们认为化工是什么样的？"从小我也有这样一个问题。我的家乡拥有着众多知名的化工企业，从小对化工有着浓烈兴趣的我，总是能听到身边人对化工行业的评价。在众多相关报道中，化工，总是冷冰冰的大工厂，是管道，甚至是污染、是剧毒、是爆炸，令众人闻化工色变。"但是，这是真正的化工吗？"正是怀揣着这种好奇和憧憬，我毫不犹豫地选择了浙江工业大学化学工程学院！

请思考两个问题：

1.看到这段答辩演讲稿，它背后蕴含着怎样的心理？

2.在这段话中演讲者希望大家明白一个什么样的道理？

从示例3的演讲稿中，我们能体会到的是演讲者要投身化工行业的一颗火热的心；同时，演讲者让听众明白闻化工而色变的时代已经一去不复返了。

第一层次是"在此之前，我想问问大家'你们认为化工是什么样的？'从小我也有这样一个问题"，这一句是带有与现场互动的问题，也表达了演讲者从小的疑问。

第二层次是"我的家乡拥有着众多知名的化工企业……令众人闻化工色变"，这一段是用一些事实来说明道理。

第三层次是"'但是，这是真正的化工吗？'正是怀揣着这种好奇和憧憬，我毫不犹豫地选择了浙江工业大学化学工程学院！"这一句是表明决心。

正是因为演讲者深刻地体验到了社会实践需要，所以才能比其他人感受更深，于是才有了感之于外、受之于心的，更为积极、炽热的反应。正是这种"演"之有"理"的表达，使得他顺利地获得了国家奖学金。

第四节 "演"之有"礼"：礼仪与肢体统一

演讲是一门态势语言的艺术，包括有声语言与无声语言。有了"情"的依托之后，如何在"礼"上下功夫，让演讲更加动人呢？

肢体语言指的是交流具体信息时动作、手势和习惯的结合。"礼"是指演讲的态势语言，包括演讲者的仪容、神情、姿态等。正确得体的肢体语言与态势语言不但能够增强演讲者的威信，赢得更多的听众，而且能对有声语言起到辅助、补充、加强和渲染的作用。

一、"演"之有"礼"：仪表

仪表在演讲中扮演着重要的角色。仪表指演讲者的身材、体型、容貌、服饰等外在风貌，这些特征不同程度地反映着一个人的精神气质、文化修养和审美趣味。

演讲者的风度、仪表等如何给观众留下深刻印象？ 20世纪60年代初，美国总统竞选时，尼克松本来处于优势地位，但由于在与肯尼迪进行第一次电视公开辩论时，尼克松不注意修饰自己，以憔悴不堪、精疲力尽的形象出现在7000万观众面前；他的对手肯尼迪却服饰整洁，风度翩翩，赢得了广大听众的心，最终以微弱的优势战胜了尼克松。可见演讲时，演讲者的仪表服饰要与自己的年龄、身份、职业、演讲内容及场合相协调，做到仪表服饰因人、因时、因地而异，才会更得体。

二、"演"之有"礼"：神情

神情指的是演讲者的眉、眼、鼻、耳、口及面部整体的表情。"感情表达 =7% 言词 + 38% 声音 + 55% 面部表情"[①]，从中可见神情在演讲中的重要地位。古今中外的演讲家，都十分注意面部神情的运用。美国前总统罗斯福的演讲魅力，很大程度上取决于他的面部神情。

演讲的内容是千变万化的，演讲者的神情也应随之变化。或喜或悲，或爱或恨，或赞或骂都应通过神情加以表现，借此对听众心理施加影响，强化与听众的思想情感交流。

---

① 等式出处：美国社会心理学家艾伯特·梅拉比安（Albert Mehrabian）于 1971 年所做的研究揭露，别人对你的第一印象取决于 "55387" 定律，即 "感情表达 =7% 言词 +38% 声音 +55% 面部表情"。

演讲 案例赏析 **2**

2018年《朗读者》第二季第九期卷首语中董卿的演讲片段

视频：董卿
演讲片段

董卿： 比如说"超女"，你别不好意思说"超女""快男""达人秀""好声音"《爸爸去哪了》《非诚勿扰》等等，我不是说这些节目不好，相反我也很喜欢其中的很多节目。我爸（是）一个传统的知识分子，到今天依然是《非诚勿扰》的忠实的观众，每到周末一定要守在电视机前看《非诚勿扰》。我后来跟他开玩笑，我说："爸，你这种忠实的守护在我们业内分析来看，这就叫补偿性收看心理。以前没有啊？初恋就是大学里认识了我妈，结婚妻子就是我妈，一直到二十多岁，一直到七十多岁面对的挚爱的唯一的女性，像现在你说一个男生对面可以站24个女生，相互沟通，充分了解，多么新奇。""补偿性心理，对。"但是就像后来我采访孟非的时候，他也说其实选择越多也意味着失败越多，所以未必现在的婚姻就比那个时候的婚姻更幸福。我想说的是我们回溯这么长的时间，你会发现几乎找不到一个文化类的节目，它可以产生广泛的影响。这是一种缺失，对不对？是的，所以2016年2月19日，当时习近平总书记到中央电视台去调研的时候，他就说中央电视台每天要面对数亿的观众，一定要多做一些脍炙人口、寓教于乐的好节目。我觉得这句话对所有的我们在一线的这些电视工作者来讲是鼓励，是鞭策，也是一种警醒。所以《朗读者》就是在春天开始酝酿的，然后经过了整整一年的跋涉，到2017年的2月和大家见面了，而一经播出，一下子就传遍了大江南北。其实这种所谓叫一夜爆红的这种命运，也恰恰说明了这一类的节目的长期的匮乏。我觉得我们只是做了这样一件事情，就是敢于去回归到在这样一个喧嚣的时代，回归到一个最本质的、最简单的、最单纯的，但是同时也是最丰富的、最深刻的一个文字的世界里面。所以，其实每一次有这样的机会和你们面对面，我都很心怀感激，我觉得能够有这样的相聚并不容易。

三、"演"之有"礼"：姿态

姿态和动作关系着演讲者的风度美。演讲者走上讲台，站姿、坐姿、动姿等诸多方面都会给受众以一个美的形象感受，即我们常说的"站有站相，坐有坐相"。上台神态自然，精神饱满，面带微笑，使听众一见到演讲者，内心便感受到美的和谐，从外表上便在听众心里建立起信任感。我们在演讲中的手势一定要与眼神匹配，幅度太大或太多都欠妥。

正确得体的态势语言能有效地配合有声语言传递信息，起到补充和强化有声语言的作用。演讲者如果能将态势语言应用到位，不仅可以大幅提升有声语言的表达效果，有时甚至可以单独表意，替代有声语言传递微妙的信息。

第五节 "演"之有"美"：美言与美感统一

人们常说，追求美是人之常情，美是物与心的融合。中国美学认为，美就是向人们呈现一个完整的、有意蕴的感性世界，这就是人们常说的情景交融的意象世界。那么什么是演讲之美？

一、演讲中的有声语言

有声语言是演讲艺术的主要工具和手段。演讲者的思想情感、伦理态度、文化修养、审美趣味等都是通过美好的语言体现出来。提高演讲之美需要对有声语言进行修饰——即美言与美感。

演讲中有声语言的基本要求：

（1）正确、清晰、规范；

（2）清音圆润，流利自如；

（3）丰富多彩，声情并茂。

二、演讲有声语言的声音美

演讲 案例赏析 **3**

2018年董卿麦田演讲片段

视频：董卿的麦田演讲片段

董卿："抱着绝望的心情走进最末一家书店，书架上那本书的位置换了另外的书，心整个沉下了。正在这时一个耳朵上架着铅笔的店员走过来了，一本书轻轻地送到我的面前：'请看我多留了一本没有卖。'我接过书害羞得不知应当如何对他表示我的感激，他却若无其事地走开了。"这是城南旧事的作者林海音写的一篇散文，讲述的是她小时候爱看书又没钱买书，只能偷偷到书店里去蹭书看，时常会被驱赶。直到有一天，她遇到了一位好心的店员，把她喜欢的那本书一直留着没有卖。这件小事让她难以忘怀。20年后她提笔写下了这篇《窃读记》。谢谢的背后，有时候是恩重如山的相助，有时候是不动声色的善良。它也教会我们应该如何去爱这个世界。就像林海音在这篇文章的最后所写道的：记着，我们是吃饭长大的，也是读书长大的，更是在爱里长大的。

在视频中，我们感受到了演讲的声音美、节奏美、意境美。演讲之"美"离不开声音之美，动听的声音能为演讲者赢得好感及增强自信心。那么，声音美具体有哪些?

（一）音节的协调美

音节是语声结构的基本单位，双音节词和四音节词可以加强语音的响度与节奏感，读起来朗朗上口、清脆有力。在运用过程中，相同音节的词并列使用，可以构成协调、匀称的音节搭配，形成协调之美。

（二）音调的抑扬美

声调分为阴平、阳平、上声、去声。演讲中如果不注意四声的选择和搭配，就会造成声调的呆板、单调，达不到波澜起伏，抑扬顿挫的效果。我们需要结合真情实感，并恰当运用汉语四声，形成抑扬急缓、高低大小相配的音调。

（三）语音的韵律美

在诗歌等文体的写作中，有所谓"押韵"之说，形成鲜明的音韵美和旋律美。演讲虽然不同于诗歌韵文，但适当押韵或自然协韵，也可以使演讲的有声语言更加流畅、动听。

恰当运用汉语四声音调搭配，使声音刚柔相济、和谐、协调，可以提升声音之美。"演"之有"美"需要"美言"和"美感"的统一，演讲既是一种语言艺术，也是一种声音的艺术。声音是情感和思想的主要物质载体，我们需要通过有声语言的语音、语调、语速、节奏等刺激听众的听觉，来激发听众的联想与情感，产生心理上的共鸣。

第六节 "演"之有"喻"：具体与意象统一

演讲离不开"物、理、情、礼、美"，演讲艺术是具象与意象的统一。

一、演讲辞

所谓的"演"之有"喻"即具体与意象统一，所指的就是在演讲辞的修辞术方面的技巧。演讲辞是演讲者的思想道德、心理个性、智能素质、文化修养和审美能力的综合体现。演讲辞的独具匠心，是指演讲者有自身的特点和风格，有不同于他人的特色。优美的演讲辞可以通过意象世界照亮一个真实的世界。

演讲 案例赏析 04

2016年房琪参加《我是演说家》演讲片段

视频：房琪
演讲片段

房琪： 怎么使用它是你自己的选择，愿意用直播平台去散播低俗文化的人，即使没有直播平台，依然会在现实生活中找到其他方式，该被禁的是这一部分人，但不是平台本身。如果说互联网是一片海，那我们每个人都是一滴水，你可以选择放任自流，但你也可以选择去做最高贵纯洁的那一滴。你的选择决定了你融入社会这片大海的姿态，事实上并不是所有的直播内容都是低俗的，也有人在用直播做慈善，有人在直播投资建议，有人在用直播做心理咨询。世界上最珍贵的不只是有形的物质，不只是跑车、游艇、轮船、大飞机，还有你追求极致、永远都不妥协的精神。报业的一代宗师张季鸾先生说过，随声附和是谓盲从，一知半解是谓盲信，而不愿自陷于盲。不管是微博还是直播，它都只是平台、只是媒介，我们要做的是引领它、利用它，而不是随波逐流，被它强化。如果我们每个人都去争做最纯洁的一滴水，那整个互联网也可以变成一股清流。当我们在埋怨说时代喧嚣，埋怨野蛮生长的时候，你有没有扪心自问过，你是不是喧嚣里的那一个？我一直特别相信一句话，"你是怎样的，这个世界就是怎样的"。作为这个时代的年轻人，我们要坚守的是内心的信念，不妥协的是理想的纯粹，不盲目的否定才是最张扬的个性，而驾驭时代却不被这个时代驾驭。

房琪是新媒体"大V"，短视频达人，曾经参加《我是演说家》第三季，是一位非常励志的女孩。她的风格是真情实感，讲述感十足，富有正能量；她的演讲激情澎湃，很有感染力。

二、演讲者的独特风格

演讲辞应该具有个性，并体现出演讲者独特的思想、心理、文化素质。那么，怎样找到自己的演讲风格？

（一）主题立意新颖、独树一帜

演讲的目的在于打动听众。独具匠心的演讲辞需要针对听众最关心、最想知道和回答的社会"热点"问题，结合自身理解和认识，运用具有时代性气息的修辞，写出听众想说而又想不出来的恰当修辞词语来进行论述与表达。

（二）修辞具有时代风格

演讲辞在修辞上应当具有时代特性和生活气息。现代生活中人们常用的"机遇""时机""改革""潮流""振兴""自律"等语言都能为演讲词增色，使其具有现代意识和现代风格。

三、常见的修辞技巧

在演讲中运用合适的修辞技巧，能提升演讲整体的质量，增强说服力，或者让听众更容易地接受演讲者所传达的观点。常用的修辞技巧包括：排比、比喻、对比、设问、拟人、夸张、引用、反复、反问、反语等。这里选取最常见的三种修辞技巧进行说明。

（一）排比

演讲案例赏析 05

2015年陈秋实参加《我是演说家》演讲片段

视频：陈秋实演讲片段

陈秋实： 我今天说"大国风范"，大国有没有它既定的标准？有！四个字，"国富民强"。大国跟你的领土面积没关系，跟你的历史功绩没关系。大国只跟你的力量，跟你的胸怀，跟你的气魄有关。中国有几千年的璀璨，也有几百年的屈辱。但是我们不应该因此就迷失了自己，过度的自卑或者过度的自大。不管发生任何事情，我们千万不能忘了我们是一个大国。大国的风范到底从哪来？大国的风范就从你我中来，中国再大也不过是由亿万个你我组成的，我们什么样中国就什么样。中国在哪儿？中国在你我脚下，在你我心里。中国人走到哪里，中国就在哪里。什么是大国风范？我相信只要亿万个你我有风骨、有风度，中国必然有风范。一个真正的大国，应该做到对内人民安居乐业、国富民强；对外不仅能生产出优质的产品，还能输出先进的社会制度和价值观。一个真正的大国应当有实力、有胸怀、有气魄，带领着全人类走向更加辉煌的未来。一个懂得尊重思想的民族才能产生伟大的思想，一个拥有伟大思想的国家，才有可能拥有不断前行的力量。

陈秋实在演讲中巧用排比，使气势磅礴、恢宏大气，使形式整齐、音节响亮，感染听众。这里需要提出，演讲者要注意每个句子之间的关联性，不要为了拼凑气势，将跟演说主题无关的内容连到一起。

（二）比喻

演讲中好的比喻能够让人一听就懂。用以比喻的事物要能够贴近生活，用作比喻的事物要具体、为人所熟知，常见、易懂，能使人清楚地了解本体和喻体之间的比喻和被比喻的关系。演说中的比喻技巧，可以使复杂的问题简单化，使深奥的道理浅显化，使抽象的概念形象化。

演讲 案例赏析 36

黄晓明在电影《中国合伙人》中的演讲片段

视频：黄晓明演讲片段

黄晓明：失败无处不在，人生如此绝望，这就是现实。我们该怎么办？掉在水里你不会淹死，待在水里才会淹死，你只有游，不停地往前游。那些从一开始就选择放弃的人，他不会失败，因为他们从一开始就失败了。失败并不可怕，害怕失败才真正可怕。我们只有从失败中寻找胜利，在绝望中寻求希望。

黄晓明在演讲中用"掉进水里你不会淹死，待在水里才会淹死"来比喻考试升学，形象生动，让人迅速明白努力和奋进的道理。

（三）设问

设问对演讲也有很大作用，向听众发起设问提问，既能强调观点，也能引起听众的反思和参与，引起互动。注意要在设问的答案中给出新知识或新发现，服务于接下来要重点讲述的观点。而相对比设问一般要回答，反问则通常只问不答。

演讲辞的写作及演讲过程中，要体现演讲者的独具匠心，才能达到"演"之有"喻"的效果。"演"之有"喻"是具体与意向相统一，将排比、比喻、设问的手法应用到稿件中，正确运用这些手法能为演讲增添亮点。

第七节　"演"之有"辨"：观点与思辨统一

一、观点与思辨统一

演讲在于陈述或论证演讲者对某一件事物或问题所持的观点或学术见解，它要求演讲者在演讲时，对所要讲的事物或问题，进行理性地陈述和科学性论证，表达出来的思想观点应当完整、准确、全面，给听众一种清晰的概念，令人信服。同时，一位优秀的演讲者还应具备敏锐的观察能力、良好的反思习惯及内外部语言的辩论能力，即思辨能力。在演讲中，演讲者要做到观点与思辨的统一。

为什么说演讲中需要有自己的观点及思辨精神？我们来看马薇薇给出的答案。

演讲案例赏析**37**

2018年马薇薇在"新青年YouthTalks"上的演讲片段

视频：马薇薇演讲片段

马薇薇：辩论是一种什么样的思维模式？辩论的思维模式是把你分裂成三个人，一个人是正方，一个人是反方，一个人是观众。你心中最极端的想法A和你心中最极端的想法B在激烈地碰撞、互相质疑乃至辱骂的过程中，那个观众C得出了一个比较中立的答案。这个时候你做事就会有什么东西？理性。明白吗？理性的产生不是因为A所以B，没有那么顺畅。理性的产生一定是有人这样说，有人那样说，这样有这样的不对，那样有不那样的不对，但是我进行权衡，去选择一条标准之后，我得出我的道路。理性很重要啊。有人问理性有什么重要的？我只想做一个单单纯纯在原野上奔跑的女孩，我不需要那么多的理性。真的吗？我跟你讲，你作为一个单单纯纯在原野上奔跑的女孩，你在微博上活不过半年。为什么？因为你会听到各种各样的理论。你发现没有？最近无论熟悉的一切的热点的案件也好，或者现在讨论的一切的事件也好，你有没有发现都有不同方的发声，对不对？你看新闻的时候你的内心是崩溃的，你不知道该相信谁，你也不知道该谁是对的，你点赞不敢点赞，转发不敢转发，一旦你点赞转发了，一会儿会有一帮人扑过来咬你，对吧？所以在这样一种情况之下，如果你不能做出属于自己的判断，你是很难形成一样东西的，那个东西叫什么？叫人生观，对不对？人生观是什么观？面面皆观才叫人生观，你对着镜子那叫自拍嘛。

马薇薇的演讲中体现了思辨能力的重要性。演讲者必须有自己的观点，并在演讲中体现自己的立意。那么，我们如何形成自己的观点并讲好观点？

作为演讲者，我们需要在思辨的基础上形成自己的观点。在演讲过程中，可以在确定自身要表达的观点基础上，用数据或实证研究建立观点的权威性。对于演讲，尤其是公众演讲来说，如何让自身的观点具有传播价值也是非常重要的。请看示例4。

🧑 示例4

前段时间重庆公交坠河事件，一个女乘客因为坐过了站，要求公交车司机停车，未被允许就与司机互殴，结果导致车辆坠河，十几人死亡。

看到这个新闻，我们可能会想：
1.这件事是谁的责任？
2.这件事背后的深层原因是什么？
3.如何减少乃至避免类似事件发生？

对于示例4中的内容，如果我们聚焦在"这件事是谁的责任"这个话题上，那么，我们要对涉事各方进行分析，然后提出看法；如果我们的看法是"这件事主要责任人是跟司机斗殴的女乘客"，那么，我们可以围绕"公民应该敬畏规则""要让理性驾驭情绪"进行观点阐述。总而言之，演讲需要具有立意与观点的支撑，才能更加鲜活立体。

演讲是对自身观点和论证过程进行整理与表达的结果，我们可以通过描述现象、提出看法、阐释理由、深化思考来形成观点，并以有力的语言，将观点进行总结。

二、思辨的过程与训练

演讲离不开思辨性的升华。思辨性思维包括思辨思维和创造性思维。我们可以通过分析思维过程，并不断地训练来提升思维能力。

思辨思维的过程即在最初观点形成时，辩证地从其他视角进行探索论证，并与最初观点进行对比，再修正初始观点的过程。创造性思维则是使结果具有新颖性、独特性和价值的思维，要求发散性思维和聚合思维的统一。

在演讲中体现思辨性，首先要明确语言与思辨的关系。语言与思辨能力是相互促进、相互影响的，倡导建立多层次思维模型，从思维目的、思维过程、思维材料、思维自我监控、思维品质、思维中的认知与非认知因素等进行思考与提升。[1]

---

[1] 林崇德.思维心理学研究的几点回顾.北京师范大学学报（社会科学版），2006（5）：35-42.

"演"之有"辩"，即需要达到观点与思辨相统一，我们需要在深入思考中凝结观点，在观点立场中反复论证探索，形成思辨性。只有不断深入思考、积极探索，才能有效提高思辨能力，为演讲助力。

🖊思考与练习

1.如何让自己的演讲更加动情？请根据本节的学习内容开展情景练习。

2.试着将排比、比喻、设问等手法应用到稿件中，看看会出现什么演讲效果。

第六章 演讲中的礼仪文化

第一节 演讲中的服饰礼仪

子曰："不学礼，无以立。"中国作为文明古国、礼仪之邦，在五千年的历史长河中形成了完整的礼仪规范。在社会生活中，知礼懂礼是我们必备的重要素质。在演讲中，演讲者的形象气质、谈吐举止将影响整个演讲的效果。那么，我们应该如何把礼仪的要义融会贯通在演讲活动中？

一、服装的三大搭配原则

第一原则是服饰搭配原则。服饰是对形象的定位，总体应呈现端庄、大气的风格。服饰搭配不过于烦琐，可根据自身特点进行身材修饰。

第二原则是色彩搭配原则。不同色彩的搭配可以给人们带来美好的视觉感受。随着对服饰的要求逐渐提高，色彩也被赋予了不同寓意。

第三原则是场景搭配原则。针对应用场景、赛事场景等不同场景，不同的服装搭配可以表达不同的情感。

应用场景：例如参加婚礼时，服装的色彩不能比新娘礼服还要夺目；参加宴会时，要根据自己的身份定位来选择服饰。

赛事场景：例如挑战杯、互联网+大学生创新创业大赛等场合，需要穿着正式得体；而文体类比赛，则需要根据表演主题选择契合的服饰。

演讲人的服饰是无声的开场白、别致的见面礼。受众对于外化形态信息的辨识力往往更敏感，容易形成记忆点。在公众演讲中，演讲者的服饰搭配是演讲内容、职业身份、衣着偏好、年龄情感的综合呈现，往往也透露着人生哲学和价值观。

演讲者的服饰搭配是一个动态的立体画面，既要符合人体黄金分割律，又要结合色彩、面料、款式的平衡，建立整体协调感。演讲者要符合公众的审美趣味，儒雅精致、时尚脱俗、朴素大方；风格多样、各有其美。

二、服饰搭配金律中的TPO原则

"TPO"即英语"time"（时间）、"place"（地点）、"object（目的、对象）的缩写。TPO原则通俗来说就是"对的时间+对的地点+对的人"。在TPO原则中，我们需要注意以下三点。

第一，time（时间）：一年有四季、每天有晨昏，特定事件、特殊时期等都是需要考虑的因素。比如，参加晚宴要穿晚礼服；疫情紧急时刻发言人的服装需要素色搭配等。

第二，place（地点）：比如，在机关单位需要选择正式的套装，不能过于休闲；参加庆祝盛典活动可以选择礼服等。

第三，object（目的、对象）：指的是演讲者的职业或身份，以及听众的群体特点。

综上所述，进行演讲服装选择时，要通过对传受双方进行综合定位，找到最佳平衡点。

有人说"细节决定成败，礼仪事关全局"，让我们发现美、创造美、引领美，并充分运用于演讲当中。

第二节 演讲中的形象礼仪

在演讲中，演讲人的外在容貌、形态举止也是自身内在素养的外化。在线性传播的过程中，这些视觉感官体验在输出审美信息的同时，也为演讲者的内容助力。我们不妨让颜值与才华并存，融智慧与儒雅于一身，寻求最佳演讲效能。

一、形象礼仪

形象礼仪＝仪容礼仪＋仪态礼仪

（一）仪容

仪容，也就是我们平常说的仪表容貌。它是指演讲者健康向上的外貌状态，是容貌、身姿、气质等外在形象，和道德情操、价值取向、学识修养、性格特征等内在品质的统一。好的仪容能给人以正能量的审美感受。

（二）仪态

仪态（见图6-1），指演讲者的姿态和动作。不同的国家、民族、社会历史背景，对不同阶层、不同特殊群体的仪态都有不同标准和要求。优雅的体态是演讲者有教养、充满自信的完美表达，甚至能决定服装穿着的效果。

图6-1 演讲者仪态

在演讲中，颜值高、气质佳的演讲者自然会得到受众的特别关注。需要强调的是，仪容美首先是自然美，千篇一律的网红脸无法展现个体特质。五官和谐、观感舒适，才会让人更觉亲切。每个人的外貌体型虽是天生的，但也可以通过后天健康的生活运动习惯和严格的自律习得养成。谁会拒绝一个肌肤健美、目光炯炯、穿着有品位且充满生命活力的演讲者呢？

演讲案例赏析 01

2016年《星空演讲》王凯《我在等待中变得更好》演讲片段

视频：王凯
演讲片段

王凯： 其实真正从事这一行之后，我就大概了解了从业的规则。有的人心态不好，可能早早就放弃了，或者是改行了，我刚好就属于比较会调节自己的那类人，所以我时常开导自己，而且也有一些前辈们在跟我聊天的时候，他们也会给我一些忠告：有些东西不是一上手就能拿到，你就是得熬着等。换句话说，这个世界上各行各业都有一条共通的真理，天赋和运气不会眷顾所有的人，但时间是上天赐给人最好的礼物，因为它一视同仁，只要你肯坚持，它会使我们阅历见识更加丰富，会使我们的精神面貌更加成熟。

形象美并不排斥修饰和装扮，演讲者依照审美规范与个人条件，对外貌进行扬长避短的修饰，塑造良好的形象也是对观众的一种尊重。

二、形象造型的具体操作

演讲者的妆容偏向于日常妆（见图6-2）。妆面的原则以干净、自然、清新、舒服为主。不留痕迹的化妆技巧可展现演讲者的风采，让听众第一时间记住演讲者。

第一步，化妆前激活面部肌肤。

第二步，打底。选取与肤色相近的粉底液。

第三步，定妆。把定妆粉均匀地涂抹在粉扑上，然后进行定妆。

第四步，画眉。手法是下实上虚，两头浅。

第五步，画眼影。选取万能色系，用大地色眼影调整眼型。

第六步，贴睫毛。选取适当长度的假睫毛，调整我们眼睛的形状。

第七步，刷睫毛。刷上少量的睫毛膏，让眼型更加内贴、有层次。

第九步，涂口红。口红的选取应与穿着相配，衣服颜色偏蓝色、玫红、紫色，则配冷色系的口红，如粉色、玫红色；衣服颜色偏向红色、绿色，则配橘色或者是偏红的颜色。

图6-2　演讲者的妆容

　　美永远蕴含在真实和自然当中，为精神注入色彩，使色彩的语言诠释出生命的意义，便是化妆要达到的境界。演讲妆面中，通过形、色、韵的有机结合，可以让演讲者以完美的形象出现在讲台上，激荡观众的心灵。

　　演讲者的信息传递具有多元性和示范性特点。风度翩翩的礼仪风范，可以提升受众审美品位，引领社会文明风尚，打造演讲者超凡魅力！

第三节　演讲中的用词规范

演讲是借助语言进行的，演讲者在演讲时需要遵循一定的语言运用规范。

一、语言规范

语言规范是指使用某种语言的人，所应该共同遵守的语音、词汇、语法、书写等方面的标准和规范。

二、语言规范的意义

重视语言文字的规范在我国有着悠久的传统。《论语·述而》中有："子所雅言，《诗》、《书》、执礼，皆雅言也。"指的是孔子平日谈话时使用鲁国的方言，诵读《诗》《书》和赞礼时则使用雅言，这也说明古代教育家、演讲家对语言规范的重视。早在1955年10月26日，《人民日报》社论《为促进汉字改革、推广普通话、实现汉语规范化而努力》中就提出："改革汉字、推广普通话和实现汉语规范化的工作，是社会主义建设中重要的一环，是一个相当长期的工作。"

演讲是语言交际活动，是以语言为工具阐发思想、交流信息、表达情感以感召听众的一种信息传播艺术。因此，在演讲中，必须避免不规范的现象。

三、词汇规范

语言规范包括语音规范、词汇规范、语法规范等。在前面的小节中，我们对语音、表达都已有所涉及，下面重点讲词汇规范。词汇规范，从用词的角度主要涉及：生造词、文言词和方言词的规范等。

（一）生造词

生造词是指模仿一般构词方法任意凑合语素而成的词语。例如，由两个双音节词生硬简缩的"检析""违扰"，任意简称的"浙民""战英"等。生造词完全凭个人主观拼凑，往往词义含糊，不易理解。切记，为了语言的纯洁健康，演讲不应生造词语。

（二）文言词

文言词语是指从文言文遗留下来，在现代汉语口语中不常用的词语。比如像成语"削足适履"中的"足""履"就是文言词,又称古语词。在书面语中适当使用文言词语,可以使文章简练有力。但在演讲中应谨慎使用,尤其是一些过于偏僻的文言词。

(三)方言词

方言是语言的地域性变体,是在一定地区流行的"地方之言"。汉语由于使用人口多、分布地域广,方言极为复杂且差异非常大。为了更好地加强交流,《中华人民共和国国家通用语言文字法》将"推广普通话"作为基本国策之一。演讲是面向不同地域人群的交流活动,在用词规范上应注意避免使用方言词,如上海话中的"白相"、广东话中的"细佬"等。

四、演讲用词的基本原则

演讲中的用词应遵循以下三条基本原则。

(1)普遍性原则:以广泛使用、普遍接受为标准,也就是约定俗成的原则;

(2)需要性原则:以满足人民群众的表达和交际需要为准绳;

(3)明确性原则:选取表意明确的词语,舍弃含义模糊、不易了解的词语。

演讲作为语言运用的过程,必须注意用词规范。同时要有意识地使用发音浑厚、清脆、圆润的词汇,并注意句子衔接的"韵律",以增加声、色的动听程度,使其产生悦耳的声音效果。

演讲 案例赏析 02

2021年中国传媒大学开学典礼在校生代表冯琳发言片段

视频:冯琳
发言片段

尊敬的各位领导、老师,亲爱的同学们:

大家上午好!

欢迎各位"小白杨"加入中传大家庭,很荣幸作为在校生代表,和师弟师妹共同见证你们踏上新起点的时刻。祝贺你们!也祝福你们,能够在中传点亮心灯,照亮他人。

在中传文化广场上,有这样一句话"这里是终点,也是起点"。2018年,我和你们一样,刻苦备战高考,从嘉兴来到北京,踏上中传这一新的起跑线,开启大学生活。在中传的日子里,我总能体会到根植于传媒大学那份厚重的红色基因,这些红色基因衍生出的强大力量,促使我乘风破浪,披荆斩棘,也敦促我像廖祥忠书记说的那样,好好做个读书人。当年的新生开学第一课上,学院为我们安排了庄严的新生宣誓仪式。"忠诚党的新闻事业，肩负党的喉舌重任。刻苦锤炼语言功力，生动传播时代强音。立德敬业博学竞先，我们时刻准备着。"初到大学的我，和同学们一起坚定喊出青春誓言。

2019年10月1日，我高举五星红旗走上长安街，作为第36方阵"祖国万岁"群众游行方阵的一员，庆祝伟大的中华人民共和国成立70周年。当七万羽和平鸽从天安门广场振翅高飞，七万只彩色气球在空中飘扬时，我无法抑制从眼里涌出的泪水。心底涌上的民族自豪感，让我坚定骄傲地为我是一个中国人而感到幸福。我用尽全身力气去挥舞国旗，高呼"祖国万岁"。那一刻，我几乎是哽咽地表达着对祖国最真挚的感情。这种无形的力量和心里的底气来自国家自信心、民族自信力。五星红旗就是我心里的信仰和祖国的象征，"人民有信仰、国家有力量、民族有希望"。鲜艳的五星红旗给我的力量，正是摆脱冷气的决心，让我发光发热的动力。

今年7月1日，在伟大的中国共产党百年华诞之际，能够在天安门广场，近距离聆听学习总书记的讲话，代表青年向党致以青春的礼赞，我感到无限光荣。作为一名领诵员，我是谁不重要，重要的是吾辈青年同心向党、奋发向上的精神，是请党放心、强国有我的决心。

我仍然记得，第一次彩排走位之后，从训练场回到中传校园，我在人民广播事业第一位著名男播音员、播音学教授齐越老师的塑像前久久伫立。"我是中国人民的播音员、中国共产党的播音员。我传达的是中国人民战胜艰难险阻走向胜利的声音，我传达的是中国共产党堂堂正正的真理之声。"那一刻，我对"忠诚、自信、包容、竞先"的中传文化，有了新的理解。这就是中传一直深深蕴含的红色基因衍生的磅礴力量，它们也许在校史馆的一件展品中，或是在齐越老师的塑像旁，也可能在国重大楼一个项目研讨的会议室里，但可以肯定的是，它们根植于我们每一位年轻的白杨心中。

这里是终点，也是起点。如今光荣的接力棒又交到了师弟师妹们手上，希望你们能够赓续中传的红色基因，把成为"弘道崇德，经世致用"的新时代传媒人作为学习奋斗的目标，以实现民族复兴为己任。以青春之我，以初春之我，以朝日之我，以利刃之我，沿着党开辟的道路，在追梦圆梦中鼓舞斗志、砥砺前行！

谢谢大家！

第四节　演讲中的肢体语言

演讲中既包含有声语言，同时也包含无声语言。肢体语言便是我们在演讲过程中传递给观众的无声语言，也是我们的第二语言。其中，手势语言和身体的中心支撑部位腰、背部动作语言在肢体语言中起着重要作用。

一、手势

手势语言是运用手指、手掌、拳头和手臂的动作变化，表达思想感情的一种体态语言。手是人体活动中幅度最大、运用操作最自如的部分，手势的形式和内涵都极为丰富。在社会交往过程中，手势具有不可低估的作用，生动形象的有声语言再配合准确、精彩的手势动作，会使语言表达更富有感染力、说服力和影响力。

演讲 案例赏析 **3**

视频：冯琳演讲片段

2023央视主持人大赛第八期选手冯琳演讲片段

冯琳： 一轮秋影转金波，飞镜又重磨。亲爱的观众朋友，您现在正在收看的是《中央广播电视总台2023中秋晚会》。大家好，我是主持人冯林，欢迎各位。在这里我们要祝全天下的中华儿女和海内外的华人华侨中秋快乐。千百年来，一轮圆月寄托了我们中国人太多的希冀与乡愁，有太多太多的名篇佳句，奇绝文笔都在描绘这一轮圆月。露从今夜白，月是故乡明，这是游子思乡的中秋。明月本无价，高山皆有情，这是四海同唱的中秋。说到中秋、圆月，我们会想到团圆，那我想问观众朋友们，你们有多久没有给爸爸打电话了？你们上一次跟爸爸妈妈说我爱你是什么时候？很多时候父亲可能不善于表达，但他们的爱却从来不少。我印象很深刻的一次是有一天爸爸跟我说他手机软件有一个不会用，让我教教他，于是我打开他的手机，我很好奇，点进去了相册，当时我很吃惊，里面有几千张照片，因为爸爸不是一个善于或者乐于拍照的人，我看到从2018年我上大学那一年开始，一直到2023年我读研一，中间这5年时间，我跟爸爸妈妈分享我的照片，都被爸爸小心翼翼地保存了在了手机的相册里，而我自己的手机相册里跟爸爸的合影却少之又少。我们在外追梦圆梦，是因为我们背后有家人的支持。我们今年秋晚启动了带爸爸上央视秋晚的活动，我们将在全网征集网友们和父亲的合照。希望大家可以好好利用这个机会，让我们带上爸爸一起上秋晚，谢谢。

（一）手势的活动范围

手势的活动范围分成上、中、下三个区域。肩部以上是上区，一般用来表达激烈的情绪，比如胜利、喜悦、赞扬、盼望、呼吁等；肩部与腰部之间是中区，一般用来表达平和、平静的心绪，比如指示、介绍、展示等；腰部以下属于下区，使用较少，一般用来表达负面情绪，比如厌恶、否定等。

（二）演讲中常用的手势

指示性手势用来指示物品、方向、场景等，比如引导宾客时摆出的手势；象征性手势语是用手势表示约定俗成的抽象概念，在不同的民族或地区所代表的含义也可能不同，比如翘拇指，在中国表示赞成或夸赞他人，在法国、印度等国家则表示搭车；模拟性手势用来模拟事物的形象、情状、特征等，比如用双手摆出倒尖的形状来模拟爱心的形状。

（三）手势的原则

手势的运用要注意几个原则：首先，应简约明快，不宜过多，以免让人感觉眼花缭乱或是喧宾夺主；其次，要文雅自然，避免因指指点点、摆弄手指等不良手势，降低身份、影响形象；再次，手势的运用应是发自内心的流露，应与身体、情感、语言相协调；最后，手势应因人而异，富有个性的手势能成为个人的标志和象征，不能要求每个人都千篇一律地做相同的手势。

二、腰、背、肩部的原则

腰部在身体上有"承上启下"的支持作用，立腰与塌腰能呈现不同的心理状态和精神状态。脊背代表一个人的性格和气节，挺直背脊的人往往性格正直、光明磊落；与之相反，驼背哈腰的姿势可能会给人以闭锁和防卫之感，会在演讲者和受众之间筑起一道无形的墙。

我们在鞠躬表达礼貌和敬意时要弯腰到位，但塌腰驼背却是精神萎靡不自信的表现。与之相反，腰板挺拔则是昂扬向上充满自信的体态，好像身体也长高了一样。

肩部作为身体上活动比较自由的部位，上下前后活动范围较大。肩腰背的动作彼此粘连，相辅相成。演讲者既要注意身体各部位的分解动作，更应重视动作的综合协调能力，才能在演讲过程中灵活运用，为演讲效果加分。

演讲 案例赏析 04

撒贝宁2019主持人大赛宣传片片段

视频：撒贝宁
2019主持人大
赛宣传片片段

撒贝宁：在每一次机会面前，都用尽自己的全部努力。梦想，让我燃起那年参加主持人大赛的热情。在这条充满挑战的路上，不断成长。奋斗有我，为梦发声。我们是中央广播电视总台主持人。中央广播电视总台2019主持人大赛，等你来！

演讲不仅要会讲，更要会演，只有熟练的表达配上精彩的故事，再加上生动的表演才能彻底吸引人。我们只有养成良好的形体习惯，再辅以严格训练，才能在演讲中游刃有余地使用肢体语言进行信息传达，成就演讲舞台上挺拔自信的自己！

第五节　演讲中的气质修养

　　孔子曾说过："其身正，不令而行；其身不正，虽令不从。"演讲者的气质修养也在潜移默化中对听众进行着价值观念指引。气质出众的演讲者，一定要兼具文化的教养、社会的担当及自由的灵魂。气质修养是一个人内在修养的外在体现。

演讲案例赏析5

2020年杨澜在《乘风破浪的姐姐》中与黄晓明的对话片段

视频：杨澜演讲片段

　　杨澜：其实我们今天看到的，并不是说电视台千挑万选才挑出了这30个人，在他们背后是3万人，30万人，300万人，3000万人。就是今天的女性，的确普遍都是首先自立，然后自由，就是那样的一种处事的态度。浪花朵朵，朵朵浪花，要让世界看到，我们姐姐妹妹的力量。虽然我没有我们30位姐姐的才艺，但是我非常认同她们那种突破障碍和偏见，勇于释放真我的勇气。女人味是谁来定义的呢？（黄晓明）我觉得每个女人都应该自己来定义自己的女人味。（杨澜）好回答！

一、内在修养的基本要素

　　文化修养包括：文学、艺术、戏剧等。
　　内涵修养包括：善良、宽容、温和等。
　　心理修养包括：自信、独立、坚强等。
　　生活修养包括：勤劳、节俭、整洁等。

演讲案例赏析6

2019年《经典咏流传》第二季宣传片片段

视频：《经典咏流传》第二季宣传片片段

　　宣传片：这浩如烟海的书卷，你能否读懂？笔走龙蛇的字符，你是否熟识？最好的风景在窗外，最美的音律在远方。经与典，是智慧与哲思，历千年流逝熠熠生辉。文与字，是气韵与风骨，经万事磨炼，字字珠玑。诗与词，是情怀与道义，任寒来暑往，句句动情。歌与赋，是审美与情操，奏琴瑟笙箫，声声入耳。和诗以歌，让经典永流传。

通过上面的视频，我们不难发现，所有内在修养元素的总和，都是以潜在的、不自觉的外露形式让演讲者拥有一种持久的独特魅力。气质靠内在修养来支撑，想要提升自己的气质，就需要不断提高自身的内在修养。

二、演讲中的气质修养

气质通过一个人对待生活的态度、个性特征、言行举止等表现出来，是一种特有的、无法模仿的精神修养的外化。气质给人的美感不受年龄、服饰和打扮的制约，这种气质所表现出来的吸引力，是真正具有生命力的美。

演讲 案例赏析 **7**

2018年白岩松在中国传媒大学《平静与焦虑》演讲片段

视频：白岩松演讲片段

白岩松： 我们都有很多的愿景、美好的期待，但是当作完直播大约到凌晨3到4点到时候，这已经是新年的第一天了。我从我们台出来，台门口，我看见了两个车撞在那儿，正吵架。我一下子就平静了。新千年不会把这些问题都带走的，这依然是原来的日子，时间是要慢慢洗牌，向前走的。但是，焦虑却会随着时代的车轮，越滚越快。

看过视频，我们会有光阴易逝、韶华难留的感悟。外表之美总是最初的、静态的、浅层的，也是短暂的。一个人的容貌形体、外部装饰所表现出来的美，在整个人的气质中只占一小部分。一个人如果胸无点墨，任凭穿着多么华丽的服装，佩戴多么昂贵的首饰，也是毫无气质可言的。气质修养俱佳的演讲人无需用浓妆艳抹来装点门面，更无须贩卖青春。腹有诗书气自华，良好的气质加上善良、自信、坦诚的真实之美，就是传递真善美的演讲人。

气质美看似无形，实为有形。没有人刚出生就拥有卓越的气质，气质更依赖于后天的培养。央视的主持人大赛，既是一场比赛，也是一档非常好看的节目。选手们丰富的知识底蕴、优雅的谈吐、睿智的表现，给大家留下了深刻而难忘的印象。

演讲 案例赏析 **8**

2023年央视主持人大赛第六期选手杨旭演讲片段

视频：杨旭演讲片段

杨旭： 梦想有门，开门大吉，欢迎大家来到大型益智音乐游戏节目《开门大吉》，欢迎各位！再次欢迎我们两位追梦团的团长，以及现在正在第二现场的八位追梦者。当然，也要感谢我们上一位追梦者雨璇的精彩表现，希望她能够实现自己的家庭梦想。那经过一段广告之后，我们发现现在场上只留下了十扇大门，而且每扇门背后的数字也有了变化，变成了"50""60""70""80""90""00""10"等等。为什么呢？因为今年是我们《开门大吉》开播的第十年。十年来，我们在这个舞台上见证了太多太多关于追梦的故事了，所以今天的十周年特别节目，我们也请到了一些老朋友和我们讲一讲他们现在的梦想。首先我们请出的第一位嘉宾，她有一个关键词叫作"葡萄仙子"，她是一位"90后"，她回到家乡帮助村里的村民种植葡萄，村民们说除了靠种植葡萄之外，他们现在已经有了好几份收入了，他们的日子是越过越好了，听说今天我们的"葡萄仙子"还带来了他们丰富的产品，让大家伙来尝一尝。那除了"葡萄仙子"之外，还有一位"90后"，他叫"神笔马良"，他也是回到家乡，利用自己在大学所学的绘画知识，帮助自己的小村子从普普通通的小山村变成了一个梦幻的童话世界，让这个小村子插上了飞翔的翅膀，让更多的年轻人回到了村子，所以就像"90后"小伙尚勤杰说的那样，我希望能有更多的人了解我的家乡，也希望更多的人能热爱他们自己的家乡。其实我们看到越来越多的"90后""00后"，他们利用自己在外面所学的知识，更好地建设家乡，让家乡被世人所熟知。《开门大吉》十年了，在这方舞台上我们见证了太多欢笑和泪水，也正是感谢这样一个个勇敢追梦的人，让我们相信梦想的力量，两位"90后"的梦想不仅实现了，也让我们相信每一个敢于追梦的人，努力都不会被辜负，所以接下来让我们一起用掌声打开这扇"90后"的大门，有请两位为我们带来一首歌曲《我们的生活充满阳光》。

怎样才能成为视频中这些气质优雅、修养深厚的演讲人？这需要我们用智慧的土壤和爱的雨露去培育，也需要我们持之以恒的力量的积蓄。演讲者要注意提升自身道德修养、文化内涵、心理健康、独立意识，不断开发自身潜能，寻求更多的演讲锻炼机会，并学以致用，日臻完善。

第六节　演讲中的舞台调度

"舞台调度"一词源自戏剧，也叫场面调度。戏剧中的舞台调度强调剧本和舞台语言在视觉形象上的体现，它是导演的整体艺术构思。那么，演讲空间中的舞台调度是怎么实现的呢？

舞台调度是由近似舞台的演播空间和现实场景构成的。它指演讲人通过形体动作、使用技术设备或道具，完成在演讲空间里活动位置的变化与转换。

关于演讲者在舞台调度中的位置，基本原则是要站在观众可以同时看到人物和视觉辅助材料的地方。

演讲 案例赏析 09

2018锤子科技旗舰发布会片段

视频：2018锤子科技旗舰发布会片段

罗永浩：欢迎，非常感谢大家冒雨参加今天的活动。本来你们是最好的票。结果下雨，这事儿变得有点滑稽，希望你们能够谅解。好在你们会觉得值得，因为你们今天是来一起见证历史的。首先欢迎大家来到国家体育中心，也就是俗称的"鸟巢"。我们是来自四川成都市成华区的一个企业，所以今天我也要讲一下"北京，你好"。今天再一次跟我们历史上一样。中国几乎所有的直播平台都参与了直播。除了网上有些不让直播的。同时很巧，今天是我们的六周年。

我们会发现，规模较大的演讲活动，往往屏幕足够大、舞台足够深，所以最佳位置是舞台中央，且可以靠前站一些。这样你就会离观众近一些，观众视线很清晰，你也可以及时了解观众的反应，有利于信息交流。

注意：演讲人不能经常回头看荧幕，应当要熟悉投影内容，要对自身演讲能力充满自信。完美的视听呈现必须有设备和技术的有力保障，避免舞台调度缺失。比如，展示屏太小或使用常规尺寸的白板，演讲者就会挡住观众视线；投影图像和文字投射到了演讲者的脸上和身上，演讲空间的黄金区域则会变成视觉死角。

演讲_{赏析}案例 10

TED演讲《拖延症患者的爱与罚》片段

视频：TED演讲《拖延症患者的爱与罚》片段

演讲原文： So in college, I was a government major, which means I had to write a lot of papers. Now, when a normal student writes a paper, they might spread the work out a little like this. So, you know—you get started maybe a little slowly, but you get enough done in the first week that, with some heavier days later on, everything gets done, things stay civil. And I would want to do that like that. That would be the plan. I would have it all ready to go, but then, actually, the paper would come along, and then I would kind of do this. And that would happen every single paper. But then came my 90-page senior thesis, a paper you're supposed to spend a year on. And I knew for a paper like that, my normal work flow was not an option. It was way too big a project. So I planned things out, and I decided I kind of had to go something like this.

参考译文： 上大学那会我是学政务专业的，意味着我得写很多论文。当一名普通的学生写论文时，他们也许会像这样把任务分摊开，所以你明白，开始可能有点慢，但是一个星期过后已经写了不少，接下来有时写得更多一些，最后一切搞定，事情不会搞砸。我也想这样，至少我的计划是这样，我准备好开始，然而事实上到写论文的时候，我是这么做的。每次写论文都这样，最后到了写90页毕业论文的时候，本应该花一年的时间去写的论文。我知道，对于这样一篇论文来说，我平常的做法行不通。毕业论文是个大项目，于是我计划好决定这么去做。

如果是屏幕不大、舞台不深，甚至没有舞台的小规模演讲，这种情况一般会使用幻灯片或白板来替代大屏幕，最佳位置是舞台的黄金分割线上，即投影旁。

根据著名的谷歌眼球试验，人看东西的注意力呈F形走动，也就是像看书一样，从左到右，然后再从左到右。因此，从观众的视线看过去，演讲人最好站在幕布左边。这样观众倾听演讲时，会产生更流畅的观感体验。当然，由于白板呈现内容有限，演讲人最好不要走来走去，位置相对稳定，有利于观众聚焦视觉内容。

作为一场头尾完整的演讲，我们还要考虑演讲者的上场和下场问题。上场应该先走到舞台或讲台中央，站到观众目光的中心，而非角落或演讲台后面，要让观众看清演讲者的全貌。离场时，演讲者应尽量从距离台口或台角更近的一侧离场。这样可避免遮挡屏幕信息，也会让演讲人的步伐更加从容不迫。

演讲 案例赏析 11

2016年邹市明《努力打破命运的枷锁》演讲片段

视频：邹市明
演讲片段

邹市明： 这么威严的音乐，让我有点像走上拳台的感觉。但是现在面对着大家，我知道我今天来的目的是为大家做一场演讲。首先我先介绍一下自己，大家好，我是拳击手邹市明。22天前我的偶像去世了，他的名字叫穆罕默德·阿里，也就是拳王阿里，相信大家都很熟悉。他12岁开始练习拳击，22岁就成为世界拳王。在此后的20年里面，他又获得了22次重量级的title。人们都说他的出拳像蜜蜂刺人一样非常的敏捷，他的步伐像蝴蝶一样的飘逸。人们都说他就是上帝创造了一个像神一样的人物。然而在他退役的三十年里，却饱受了病痛的折磨。一个曾经世界上最灵巧、最灵活的一个拳王。却再也无法控制自己的身体，听起来像命运给他开了一个残酷的玩笑。

从视频中我们看到，演讲人的动态信息里还包括步态。站在台上一动不动，会给人以比较紧张呆板的感觉，容易让观众产生视觉疲劳进而分心、离开或者打瞌睡。自信的演讲者，善于通过移动位置营造沟通空间，并照顾好各个方向的观众。适当的位置移动可以增加观众参与感，同时也能舒缓现场的紧张情绪。但要注意走动不宜太频繁或随意，否则会给人不够沉稳的感觉。

每一次移动都应该有其目的或潜在含义，比如向前一步表示强调，退后一步表示演讲告一段落，横向移动则是告诉观众你要谈新的观点；实践中很多的走动时机是在两个段落之间，这样走动会自然地成为承上启下的一部分。

第七节 演讲中的现场互动

生命在于运动，演讲在于互动。在我们准备演讲时，会面临很多未知因素。比如，观众是素不相识的陌生人，他们会喜欢你的演讲吗？怎么才能激发观众参与热情？人们都喜欢新颖有趣的事情，尤其是成年人，注意力非常短暂。想要在演讲中持续地吸引听众，就需要运用互动技巧，让观众不疲惫不走神，跟上演讲思路。

首先让我们了解互动中的角色置换效应。角色置换效应即演讲人通过体验受众心理，对传授双方的角色心理加以置换，想观众之所想，挖掘观众的兴趣点，产生"我"就是观众的"同理心"，激发受众的参与热情、实现高效互动。

演讲 案例赏析 **012**

视频：鲁豫
演讲片段

2019年鲁豫在福建师范大学《生活的底气源自努力》演讲片段

鲁豫：福建师范大学的各位老师，各位同学，现场的各位来宾，大家晚上好，我是陈鲁豫，谢谢大家的到来。去年我和我的团队采访了黄晓明，那是在他的一部新片《无问西东》上映之前。我记得我们做完采访之后的第二天，我们还跟着他去了清华大学，参加影片的首映典礼。影片的名字，中文名字很诗意——《无问西东》。英文的翻译很简单，但是直中要害——Forever Young，永远年轻。影片一开始之前有一段介绍短片，当时大屏幕上打出了一个问题。问题是：假如你提前知道你所要面临的人生，你还会有勇气迎接它的到来吗？我记得我当时坐在那，面对着荧幕上的那一行大字，心里还真的有那么一瞬间愣了一下，但瞬间我就醒过来。我想说，那不然呢？难道你让我为了一个结果就放弃掉我整个的过程吗？你要知道，这整个的过程就是我的人生，而且我内心当中有那么一点点不信邪的东西，就是，你怎么就看扁我呢？就算我不幸拿到了一个最烂的人生剧本，你凭什么就说我这一生，如果我拼尽我全部的努力，我就跟你死扛，你怎么就能够说，我不会改变我一丁点的既定的人生轨迹呢？其实这也是我今天想问你们的问题。那样的感受，我曾经都有过，所以我相信，在每一所大学校园里面，都拥有最多的梦想、最多的渴望，也有最多的迷茫、困惑、焦虑，甚至是恐惧。可是我特别不喜欢今天站在这儿，以一个所谓过来人的身份告诉你们，告诉你们一个方法——你们如何去创造你们的未来。

提问+举手式的现场互动，可以充分调动观众的积极性，让观众放下审视被动的态度，提出自己感兴趣的问题，现场向演讲人发问，寻求答案。

这种思想碰撞的效果，比演讲者自己直接讲出的内容，更容易让观众接受和理解演讲内容。而基于演讲人已经成功地完成了角色互换效应，前面内容做了铺垫和引导，所以观众的提问是有感而问，不会天马行空，基本实现现场互动的良性循环。

在刚才的演讲视频中，我们看到演讲者分享了自己的故事，也把故事里的当事人请到场现身说法，还可以请现场观众来即时分享他们的相似经历和现场感受，这种方式是非常具有说服力的。

这里要强调的是，一定要把控好互动的时间，比如，委婉告知问答环节的限定时间和限定的问题数量。当时限接近的时候，让观众知道"我们的时间只够回答一个问题了"。提问是最简单实用的互动方式，如果希望在演讲中和观众多一些互动，可以从提问开始，比如：对不对？第一个还是第二个？有时即便没人口头回答，听众在思维上也已经和你互动过了。

演讲 案例赏析 013

TED演讲《第六感官》片段

视频：TED
演讲《第六
感官》片段

演讲原文： This is a more controversial one.As you interact with someone at TED, maybe you can see a word cloud of the tags, the words that are associated with that person in their blog and personal web pages. In this case, the student is interested in cameras, etc. On your way to the airport, if you pick up your boarding pass, it can tell you that your flight is delayed, that the gate has changed, etc. And, if you need to know what the current time is it's as simple as drawing a watch—(Laughter) (Applause) on your arm.So that's where we're at so far in developing this sixth sense that would give us seamless access to all this relevant information about the things that we may come across. My student Pranav, who's really, like I said, the genius behind this. He does deserve a lot of applause because I don't think he's slept much in the last three months, actually. And his girlfriend is probably not very happy about him either. But it's not perfect yet, it's very much a work in progress. And who knows, maybe in another 10 years we'll be here with the ultimate sixth sense brain implant.

参考译文： 接下来是一个有争议的功能，当你在这里遇到某人，你会看到一个标签云，这些标签是和这个人相关的，是从这个人的博客和个人主页中提取的。在这个例子中，我们看到这位学生对相机感兴趣，等等。在你去机场的路上，当你拿出你的登机牌，它会告诉你航班延误了，登机口换了，等等。还有，如果你想知道时间的话，非常简单，在你的手臂上画一个手表。这就是我们开发的第六感官目前的进展。这种（方式）让我们可以随时随地获取相关信息，方便我们的生活。帮助我们更好地生活。我的天才学生Pranav，就像我说的，这项技术背后的天才，应该得到这些掌声。他过去三个月废寝忘食地工作，他的女朋友肯定是一肚子牢骚。但是，目前这个设备还不完善。还有许多需要改进的地方，谁知道呢？也许再过十年，我们的大脑会植入超级的第六感官。

通过视频我们知道，演讲者可以分享自己的故事。但如果是公众人物，演讲者担心观众把事情对号入座、扩大化，带来不必要的误解，那么可以选择讲讲朋友的故事，让观众把关注点放在对内容的思考和感悟上。

演讲 案例赏析 14

2019年《星空演讲》张云雷《相声选择了我，我想回报它》演讲片段

视频：张云雷演讲片段

张云雷： 近两年来，我被问到最多的问题就是如何看待自己的一夜爆红，其实我想说的是，我也不知道我到底是哪一夜爆红的，因为我从小就踏入这一行，拜了郭德纲为师，从艺时间算算也得有十几年了。在师父的一个相声包袱里面，我被称为"90后"，太平歌词老艺术家。十来岁我第一次演出的时候是在北京大观园的庙会上，当天跟师父说了一段《训徒》。我可能是本能反应吧，就是我只要是站上了舞台，我会特别开心特别兴奋，但是了解我的朋友们肯定都知道，我能一直站在舞台上，对于我来说，不是一件容易的事。

为了快速热场，吸引流量，一些演讲人通过游戏竞猜的方式，让听众参与现场互动问答，参与就有奖、答对有大奖，这种方式可以巧妙地把营销的产品信息、产品代金券、作者的限量签名书等作为礼品送给观众，现场互动效果立竿见影。当然，演讲人的控场能力也要经得起考验。能驾驭现场互动的演讲人，可以让观众成为演讲中最棒的一部分。希望大家都能成为善于驾驭现场互动环节的优秀演讲人！

✏ 思考与练习

1.试着在特定的演讲场合中搭配符合该场合的服装及仪容，并搭配适当的肢体语言进行演讲。

2.试着在演讲中设置互动问答环节，考查你的控场能力。

第七章　演讲中的心理调试

第一节　紧张心理的产生原因

演讲在日常生活中经常发生，一场精彩绝伦的演讲也反映出演讲者的心理调适能力。演讲中的心理调适能力个体差异显著，群体中很多人因为调适能力较弱，在演讲过程中容易出现心跳加速、面红耳赤，甚至是忘词、卡顿或结巴等现象。

要通过分析产生紧张心理的原因，找到相应的调节措施。

演讲 案例赏析 **1**

视频：TED
演讲集锦

TED演讲集锦

· ·

哈米然： 于是我从此立志，要做一个最帅最酷的机长，在我初二时候，我很贪玩，基本不怎么学习，姐姐知道我的梦想后，跑来质疑我，"你这样天天出去玩，你的那点儿成绩，能考上飞行员吗？"于是我初三收心学习，当然我也获得了我相应的成绩……

寇乃馨： 他今天有一些失误，是因为我觉得他稿子不够熟，但我觉得如果他讲他自己非常想讲、非常热情的东西，我很想看一次，他的青春完全绽放的样子。

哈米然： 其实，我跟你们说，其实，"00后"在追逐梦想的时候，也遇到过挫折。我觉得敢想敢做就是我的使命，是击破质疑的最好方式。

失败的演讲有一个共性——演讲者情绪紧张且波动。

成功的演讲也有一个共性——演讲者情绪饱满且稳定。

一、产生紧张心理的原因

（一）主观原因

1.演讲准备不充分

演讲过程中需要脱稿，所以演讲者需要对演讲内容、演讲幻灯片等每项内容都非常熟悉，甚至是倒背如流。如果准备不充分，势必容易导致紧张。

2.首次演讲导致的紧张

第一次演讲时没有经验，紧张是正常现象，演讲次数多了，经验丰富了，也就变得从容了。在人多的场合演讲也容易紧张，这时可以选择与前排的观众多做眼神交流及互动，这样压力就会小很多。

（二）客观原因

主观方面的原因往往是可以通过锻炼或提前准备改善的，但客观方面的原因则是由个体自身的差异造成的。客观原因包括演讲者自身及环境两方面的因素。

1.演讲者自身个体方面

演讲者心理素质，如怕出错、怕丢面子的心理，以及从小接受到的"言多必失""沉默是金"的教育，也常常会影响其在演讲中的表现。同时，过于在意他人的看法，也容易打乱演讲的节奏和情绪。曾经的演讲失败经历有时也会造成心理阴影，以至于每次遇到相同或相似状况时都会胆怯、紧张，以至于不敢发挥。如果你曾经有一次失败的演讲，一定要学会总结反思。要知道，从失败中学到的经验远多于从成功中学到的。

演讲者自身方面的因素往往是多元的，解决方法亦需要根据个体实际情况加以调整。在心理应对中，要学会认识、理解、接纳以及践行。通过平时不断积累知识提高自身修养，以及不厌其烦地反复练习等都可以改善演讲中紧张的状态。

2.演讲外在环境方面

有些人在陌生或重要场合演讲时会感到压力较大，就像到别人家里做客时会感觉比较拘谨一样，这时演讲者需要提前做好演讲预演，做到心中有数。此外，有些人在重要场合演讲时会较为紧张，重要场合紧张的原因主要是追求完美、露怯等。

二、压力之下，如何做到依旧出色

演讲中产生的紧张情绪也可以理解为在高压之下，我们的身体作出的本能应对。那么，如何在面临压力的情况之下，依旧做到表现出色呢？

对于主观和客观原因引起的紧张，可以通过事前准备、心理调整、语言调整、肢体调整、生理调整等方式相应地加以改善。这里需要强调，并不是任何状态下的紧张都是有害的。其实，适度的紧张有利于我们解决问题、应对演讲状态，因此，要学会接纳自己的紧张状态。

演讲案例赏析 02

TED演讲片段

视频：TED
演讲片段

演讲原文： And the way that ideas are conveyed the most effectively is through story. You know, for thousands of years, illiterate generations would pass on their values and their culture from generation to generation, and they would stay intact. So there's something kind of magical about a story structure that makes it so that when it's assembled, it can be ingested and then recalled by the person who's receiving it. So basically a story, you get a physical reaction; your heart can race, your eyes can dilate, you could talk about, "Oh, I got a chill down my spine" or, "I could feel it in the pit of my stomach." We actually physically react when someone is telling us a story. So even though the stage is the same, a story can be told, but once a presentation is told, it completely flatlines. And I wanted to figure out why. Why is it that we physically sit with rapt attention during a story, but it just dies for a presentation. So I wanted to figure out, how do you incorporate story into presentations. So we've had thousands of presentations back at the shop—hundreds of thousands of presentations, actually, so I knew the context of a really bad presentation. I decided to study cinema and literature, and really dig in and figure out what was going on and why it was broken. So, I want to show you some of the findings that led up to what I've uncovered as a presentation form. So it was obvious to start with Aristotle, he had a three-act structure, a beginning, a middle and an end. We studied poetics and rhetoric, and a lot of presentations don't even have that in its most simple form. And then when I moved on to studying hero archetypes, I thought, "OK, the presenter is the hero, they're up on the stage, they're the star of the show." It's easy to feel, as the presenter, that you're the star of the show. I realized right away, that that's really broken. Because I have an idea, I can put it out there, but if you guys don't grab that idea and hold it as dear, the idea goes nowhere and the world is never changed. So in reality, the presenter isn't the hero, the audience is the hero of our idea.

参考译文： 最有效的传播方式就是讲故事，数千年来，不识字的一代又一代都会传播他们的观念和文化，使其能够被完好保留。故事的结构性就有某种神奇之处，能够在它被讲述的时候，让听故事的人理解并回忆。所以，一个故事会让你有身体上的回应，你的心脏会加速，你的瞳孔会放大，你会说，"哦，我的脊椎骨冰凉"或者"我可以在肚子里感觉到"。当有人在讲一个故事的时候，我们的身体真的会产生反应，尽管出于同一个舞台，一个故事可以被很好地传诵。但是当一个演讲被传递，我们的身体一点反应都没有。我想知道为什么，为什么我们会在听故事的时候全神贯注，听演讲的时候却心不在焉？所以我想知道，如何把故事融入演讲中？我们的商场上有上千的演讲，事实上，是数十万的演讲，所以我知道什么样的演讲是不好的。我决定研究影片和文学，来挖掘背后的真相和原因。我想向你们展示一些我的发现，它们带领着我找到了演讲的形式。一切显然要从亚里士多德开始，他有三步模型，开端、发展和结果。我们研究了很多诗歌和文学作品，很多演讲甚至都没有最基本的形式。当我开始研究英雄人物的时候，我认为，"演讲者就是主角，他们在台上，他们是演讲的中心"，作为演讲者，很容易觉得自己就是演讲的中心。我马上意识到了，这并不正确。因为我有一个想法，我能提出来，但是如果你们不懂我的意思，无法把它牢记在心，这个想法就不能被众人所知，更何谈改变世界？所以事实上，演讲者并不是演讲的主角，观众才是主角。

第二节　紧张心理的事前调试

演讲前需要注意的要点

（一）准备充足

凡事预则立。每一场精彩的演讲背后，演讲者一定付出了大量的时间和汗水。提前做足功课，最好能把背诵的稿件用说的方式自然流畅地表达出来。俗话说"宁可千日无机会，不可一日不准备"，不管是什么角色、在什么场合、是否被安排演讲，都需要思考发言的切入点，以备不时之需。

（二）日常练习

准备某一场演讲只能算是"狭义"的准备，那么"广义"的准备是什么呢？就是日常多讲、多练。很多成功人士在第一次演讲时也会紧张得发抖，但是通过经常锻炼、不断积累，就可以变得游刃有余。

（三）磨炼胆量

很多人在演讲时紧张的表现是不敢看观众的眼睛，这就需要在平时多多练习与人对视。在一对一或是小范围演讲时，如果觉得盯着别人看不礼貌且容易紧张，可以选择看对方双眼到鼻子之间的三角区域。在进行公众演讲时，可以在演讲开始时扫视与会各区域人员的眼睛，并与不特定的人进行1-2秒的眼神交流之后再换下一个人。

（四）积极暗示

在演讲前，要给自己正面、积极的暗示。很多人习惯在演讲前暗示自己"不要紧张""不要害怕"，结果却更慌乱。因为人在紧张时，大脑只接受肯定的信息，如果给自己暗示"不要紧张"，大脑接收到的信号就是"紧张"。因此，我们需要做积极正面的暗示，比如"我准备得很好、很充分""听众一定会非常喜欢我的演讲"，这样的暗示会给自己以鼓励。

（五）全神贯注

有些人之所以感到紧张，是因为在演讲时常常无法做到专注。其实，只要全神贯注于演讲内容，就会越来越放松。比如辩论赛上，辩手们在陈述观点、反驳对方观点及总结观点时，表达条理清晰、语气节奏起伏有度，还会加上动作手势渲染气氛。这是因为他们完全相信和坚持自己的观点和立场，所以可以很流畅完整地进行表述。

（六）调节心态

为了减缓临场前的紧张情绪，成熟的演讲者非常注意自身心态的调节，常常会通过创造良好的内外部环境来帮助自己拥有平和的心态，也可以选择闭目养神、冥想的方式调整气息，让自己冷静下来，安心准备演讲内容。

演讲案例赏析03

2019年欧阳娜娜《成为最好的自己》演讲片段

视频：欧阳娜娜演讲片段

欧阳娜娜：在12岁以前，我从来没想过自己会演戏。我8岁的时候立志成为一个像马友友一样的大提琴演奏家，在非常神圣的音乐厅里面，用音乐感染每一个人。我是从6岁开始学琴的，所以其实我特别能理解那些中途想要放弃、逃跑的一些学生，因为练琴这件事情，太不容易了。刚开始练琴的时候，那手指要不停地在指板上面摩擦，所以练完一段时间之后就会发现手指开始发红、发肿，像火烧一样疼，但因为练琴这种事情是不能间断的，一练就练好几个小时，要练到直到第一层皮褪下去长出厚厚的茧子。给你们看一下，其实我两只手是不同大小的，我的左手要比我的右手大那么一点点，因为在练琴的过程当中，你的左手要无限地撑开。可能在别人眼里我的手不是那么好看甚至有点丑，但对于我而言我觉得这是我非常自豪的一双手，上面的每一个小小的茧子都是我用努力换来的小小勋章，我也是靠着这双手去完成我自己想完成的梦想。大家可以看一下这里有一个我小时候练琴的一个日程表，这个日程表是从我中午12点放学一路会排到我睡觉，然后上面的"一二三四五六七八九十"代表什么你们知道吗？不知道？代表的是我在练琴的某一首曲子里面的某一段我需要练十遍，那我每练完一遍我就在那个数字上面打一个圈。然后我记得小时候我家琴房楼下就是公园，每天除了下雨天之外，会上演同样一个剧目，楼下小朋友就对上面喊，说："娜娜，你练完琴了没有？"我就会说："没练完呢，练完就下去。"过不了多久另外一个小朋友跑过来说："娜娜！你琴到底练好了没有？"我就："还没练好，快了！"头也不抬地就这么回答他们，因为对于我来说，最最最重要的事情就是练琴……

通过视频可以看出，欧阳娜娜的表达很顺畅，言辞恳切，肢体动作和眼神交流都非常的自然，可以说是一次成功的演讲。

第三节 紧张心理的生理调节

人在紧张的时候容易出现以下几种生理现象：心跳加速、大脑空白、头晕目眩、手脚发抖、声音颤抖、紧张结巴等。那么，我们要如何调节紧张感呢？

一、演讲前快速调整

（一）进行深呼吸

深呼吸可以帮助人放松心情，恢复平静镇定，增加勇气和信心。深呼吸的时候一定要找到适合自己的节奏，缓慢地呼吸，尽量采用胸腹联合式呼吸法。

（二）闭目养神

一般在深呼吸后，头晕目眩的状况会有明显好转。如果你还是很紧张，可以把眼睛闭起来，闭目养神。关闭视觉系统，专注于自己的内心，让心跳慢下来。同时可以在脑海里预演一遍演讲内容，增加演讲的底气。

（三）转移注意力

我们可以把拳头握紧，然后放开，重复几次，可以释放紧张的情绪，或者转移注意力。如果你准备得够充分，就不需要一直把注意力放在"马上就上台了"这个点上。演讲者可以在候场区走走，看看窗外的风景或是来往的车流，会发现自己轻松了很多。

二、演讲前期调整

如果演讲者近期有一场重要的演讲，但在开始的前几天就已经紧张，该怎么调整？

（一）调整饮食

（1）多吃含维生素B的食物和不带皮的谷物及豆制品（见图7-1）。

（2）感到紧张或焦虑时，吃一点米糕（碳水化合物能使大脑血清素含量增加，起到调节情绪之作用）。

（3）多吃蔬菜、水果（见图7-2），少吃油腻荤腥等脂肪含量过多的食物。

图7-1　谷物及豆类

图7-2　蔬菜水果

（二）保证充足睡眠

睡眠（见图7-3）是消除身体疲劳的主要方式。睡眠不足的人常有表现是：烦躁、激动或精神萎靡，注意力涣散，记忆力减退等。在准备演讲期间，人的精力和体力都会大幅耗损，充足的睡眠是保护大脑的最佳方式。睡眠充足的人，精力充沛、思维敏捷、办事效率高，这样才能更好地准备即将到来的演讲。

图7-3 睡眠

（三）排除刺激法

外界的任何不良刺激对演讲者来说都是有害无益的，因此，在演讲前要排除一切外界的不良刺激。临场前，演讲者要避免与人争论，稳定情绪、保护嗓子；尽量少忙于其他事情，特别是可能会带来"烦恼"的事，集中注意力在稿件的策划上；准备稿件时要多听他人意见，但一旦定稿了，就不轻易改动，以免出现记忆混乱和焦躁情绪，把所有心思都专注于对演讲稿的消化和吸收中。

俗话说"有所欲必有所惧"。紧张是一种正常的情绪，而且是具有能量的一种情绪。我们不要畏惧它，要去控制它。只要用对方法去调整和训练，就能把紧张的负面情绪消除，使它成为一种让你慷慨陈词、畅所欲言的正能量。

第四节　紧张心理的心理调节

一、紧张心理的心理调节

紧张的心理表现有哪些？容易被激怒、无名的焦虑和担心、感觉知觉过于敏锐等，最直观的一种表现就是怯场。

怯场也被称为表现焦虑，本质上是一种破坏性的恐惧或焦虑感，是指在人多的场合发言或表演，因紧张害怕而神态举动不自然。

演讲 案例赏析 04

TED演讲《第一次怯场的经历》片段

视频：TED演讲
《第一次怯场的
经历》片段

演讲原文： So then it was my turn, and somehow, I get myself onto the stage, I start my song, I open my mouth to sing the first line, and this completely horrible vibrato—you know, when your voice wavers—comes streaming out. And this is not the good kind of vibrato, like an opera singer has, this is my whole body just convulsing with fear. I mean, it's a nightmare. I'm embarrassed, the audience is clearly uncomfortable, they're focused on my discomfort. It was so bad.

参考译文： 然后轮到我表演了，我挣扎着走上舞台，开始唱歌。我开口唱第一句歌词，发出的却是可怕的颤音，就是嗓音颤抖时发出的声音，但不是歌剧演员那种好听的颤音，而是因为害怕，全身发抖发出的声音。那真是一场噩梦，我尴尬极了，观众也很不自在，他们只在关注我的局促不安了，真是太糟了。

正如视频所说，怯场的一般表现包括：呼吸加快和心跳加速、手脚冰凉或掌心出汗和感到恶心、身体的某些部位会开始颤抖等。

二、如何克服心理上的障碍

首先要正视怯场，在人前演讲时感到紧张和焦虑是很正常的事，这种感觉和当你真正遇到危险时所产生的应激反应是一致的。它是由主神经系统在无意识状态下产生的自然荷尔蒙式的全身反应。那么，既然怯场是一种自然和必然的反应，我们就把注意力放在所能控制的事情上多加练习。

（一）提前演练

尽可能提前找一个跟演讲场地相似的环境进行排练，对细节进行练习可以减少焦虑，让你充满自信。如果你知道自己在台上要说什么，就能控制行为，告诉自己：我可以掌控住全场。

（二）放松身体

在上台前可以做个小动作，"欺骗"一下大脑。伸展手臂、深呼吸这个动作会让大脑发出放松的信号。一般来说上台前是怯场最严重的时候，所以可以利用上台前的最后一分钟伸展身体、深呼吸。

三、演讲准备阶段的状态调整

除了演讲时的怯场，在演讲的准备阶段，也会出现紧张心理。那么，在这个时候如何调整心理状态呢？

（一）不给自己设限

过于追求完美容易造成心态上患得患失，难以集中注意力。很多时候，由于对结果太过在意，盲目放大出错的后果，会带来心理压力倍增。

（二）熟悉记忆稿件

尽快敲定最终稿件，让自己有更多的时间去消化稿件内容。并不是一字不落地把稿子背下来就万事大吉了，而是要把稿件"炼化"，内化于心，外化于停连、重音、语气、节奏中。记住稿件是说出来的，而不是背出来的。

（三）绘制思维导图

初学的演讲者常常把能够背诵演讲稿作为准备充分的标志。但是背诵依赖的是机械记忆，费时费力。在实际演讲过程中，一旦因怯场、听众骚动、设备突然故障等原因打断思路，机械记忆的链条往往就会被截断。因此，我们提倡用绘制思维导图的方式记忆稿件。

首先，将演讲的主题、论点、事例和数据等内容做好笔记。

其次，整理出一份粗略的演讲提纲。

最后，把各个要素串联起来，绘出思维导图。

演讲者应着重记忆思维导图的要点，反复熟悉自己的演讲内容。这样哪怕在演讲时被打断，也不会紧张，只要跟着思维导图继续顺下去就可以。

（四）增加实战经验

不是只有在台上才是演讲，在日常生活中你依然可以随时随地练习演讲。一个人练习时，可以对着镜子讲或用录音的方式记录自己的演讲内容，反复听，发现问题及时改正，特别要听的是自己的演讲节奏、语气变化、重点内容表述是否到位。若有亲友在场，可以请他们作为观众帮忙录制视频，并且对你的演讲提出反馈意见。

第五节　紧张心理的肢体调控

渐进式肌肉放松疗法的倡导者雅克布·森说："当你的身体放松的时候，精神就不会焦虑"，[①] 使用肢体调控，能帮助演讲者达到放松自如的演讲境界。

当演讲者在台上感到紧张时，肾上腺素会使得肌肉能量增加，进而出现逃离反应。但是，因为在演讲台上不能逃离，肌肉能量就会作用于心脏、面部、手臂或者是腿部，造成机体生理出汗、脸红、心跳加快、手脚抖等。因此，在演讲台上演讲时，演讲者可以通过一些隐性的活动来消耗能量，比如说轻微地走动、放松或者握紧话筒，增加一些肢体语言等，对于缓解紧张心理都有着积极效果。[②]

紧张心理肢体调控

演讲中善用肢体语言，可以增强说服力，提升个人魅力，让演讲充满感染力。手势、眼神、表情、站姿到位后，你的气场就会自然增强，会达到更好的演讲效果。不会发挥肢体语言的作用，演讲则会显得十分呆板，没有激情和活力。

手势可以增强演讲的感染力和说服力，有许多人站在台上，常常有种"手足无措"的感觉；也有一些人学了很多的手势，但是在演讲的时候用起来十分不自然；还有一些人肢体动作过于频繁。对于这些问题，需要做到以下几点。

（一）把握手势的动和静，掌握节奏

演讲的手势分为动和静两种状态。静态时，双手尽量放在肚子前面一点，可以合十或者互握，这样会方便接下来做出动态手势。在演讲中，不要一直重复一个动作，要有开有合、有动有静、有节奏感，根据演讲的内容来进行调整。

需要注意的是：上臂和手肘不要紧紧地贴靠在身体的躯干上，这样会显得非常拘谨，要稍微分开一些距离。

---

① 埃德蒙·伯恩，洛娜·加拉诺.应对焦虑：九种消除焦虑、恐惧和忧虑的简单方法.张轶蓓，译.北京：机械工业出版社，2017：2.
② 查乐宏.公众演说紧张心理的原因分析及调节策略.现代交际，2018，482（12）：97-99.

演讲 案例赏析 5

TED演讲《怎样的肢体语言最能打动人？》片段

视频：TED演讲《怎样的肢体语言最能打动人？》片段

演讲原文：And when you meet people for the very first time, the first 4 minutes of meeting a new person, you decide pretty much 80% of your attitude about it, don't you? You decide in the first 4 minutes of meeting somebody if you will give them a fair hearing or if you're going to reject them. The first thing is likely to happen is a handshake and I'm gonna to try a couple in the front row here. You got one of three feelings when you lock hands with people. First feeling is it feels pretty good. I think you and I will get on pretty well. I think we could do business together. I think we're gonna get on well. That was a good one. Let's try a second one. Just check my cash, see if it is all still there, yeah. I felt a bit intimidated there. Let's try the third one. Yes, she'll do anything, I want. Won't you? Actually you all had roughly the same handshake, but you do get one of three gut feelings. It has to do with two things. One is the angle of the hand, second, the power of the hand. I'll demonstrate. This gentleman in the front row. Can you join me up here? Please? Yes? The fellow looking concerned. Come up here. Here is your modern western handshake. Here's how it looks. It's been in this position for about 2,000 years. If you go back 4,000 years to the Roman era, on vases as you would have seen it looking like this. That is a original position. It has several significance.

参考译文：当你初次遇见某人，你对他的印象好坏，八成来自最初的4分钟接触，不是吗？在最初的这4分钟里，你会决定要不要和他平起平坐，要不要拒绝他。跟陌生人初次打交道，第一件事往往就是握手，我要跟坐在第一排的朋友们握一下。当你跟别人握手时，你无非会有三种感觉之一。第一个是感觉很好啊。我觉得我们相处得来，我觉得我们可以谈个生意，我们会相处得很好。这是个不错的握手。我再试一个，好吧？我得翻一下钱包，钱还在不在，太好了！在的。这个握手让我有点受威胁的感觉。再试一个，真棒！她会完全按我说的去做，是吧？事实上跟你们握手的感觉都差不多，但跟别人握手时，你本能地会有三种感觉，这跟两方面有关，其一，手的摆放角度；其二，握手的力度。让我解释一下，前排的这位先生请你上台，好不好？你没事吧？这位朋友看起来有些担心。来吧，站到这。这是现代西方式握手，看起来是这样。两千年来都是如此，如果回到四千年前的古罗马时代，是这样的，或许你在花瓶上看到过，这是最原始的姿势，它有几种含义。

（二）掌握恰当的手势动作

演讲中要去除多余的一些小动作，尤其是公众演讲中，许多小动作就会被无限地放大，比如拨头发、捏鼻子等，这些都是需要尤其注意的。另外，肢体动作也不要太过频繁，尽量选择适当、简单、清晰的动作，以配合语言让听众更好地理解。比如，在希望听众举手回答问题时，演讲者自己可以提前作出举手的动作，来暗示听众采取行动。

演讲案例赏析06

TED演讲《现场互动》片段

视频：TED演讲《现场互动》片段

演讲原文：But for myself, in the past, I've spent the last 20 years studying human behavior from a rather unorthodox way: picking pockets. When we think of misdirection, we think of something as looking off to the side, when actually the things right in front of us are often the hardest to see, the things that you look at every day that you're blinded to. For example, how many of you still have your cell phones on you right now? Great. Double-check. Make sure you still have them. I was doing some shopping before. You've looked at them a few times today, but I'll ask you a question. Without looking at it directly yet, can you remember the icon in the bottom right corner? Bring them out, check and see how accurate you were. How'd you do? Show of hands. Did we get it? Now that you're done, close them down. Every phone has something in common. No matter how you organize the icons, you still have a clock on the front. So, without looking at your phone, what time was it? You just looked at your clock, right? Interesting idea. Let's take that a step further with a game of trust. Close your eyes. I realize I'm asking you to do that while you just heard there's a pickpocket in the room, but close your eyes. Now, you've been watching me for about 30 seconds. With your eyes closed, what am I wearing? Make your best guess. What color is my shirt? What color is my tie? Now open your eyes. Show of hands. Were you right?

参考译文：过去20年，我一直在用一种非传统的方式观察人类行为：小偷小摸。提到错误引导，我们总觉得是将注意力放在事物的其他方面，但实际上，往往在我们眼前的事情，是最难被发现的，那些你天天看到的东西反而是你的盲点。举个例子，现场有多少人身上带了手机？很好，再检查一遍，确保手机还在身上，因为我刚才在场下转了转，你今天估计已经看到过好几次手机了，但我接下来要问你们一个问题。不要看你的手机，你能记得屏幕右下角是什么图标吗？现在拿出手机，看一下，你猜对了吗？怎么样？猜对的请举手，好了，请放下手机。每一部手机都有一个共同点，那就是无论你如何整理图标，你的首页都会显示时间。那么，不看手机，现在几点了？你们之前刚刚看了时间，不是吗？非常有意思。接下来，我们把这个游戏更进一步，闭上眼睛，我意识到我刚才告诉你们我是个小偷，现在却要你们闭眼睛，但还是请闭上眼睛。到目前为止，你们观察我已经至少有30秒了。请告诉我，我穿的什么衣服？尽力想，我的衬衫是什么颜色？领带是什么颜色？现在请睁开眼睛。如果你猜对了，请举手。

（三）交流互动法

当演讲者在台上感到紧张时，也许会发觉自己浑身肌肉紧绷，这是紧张的表现。这个时候换个动作或姿势，有助于减轻紧张程度。演讲者可以在演讲中融入眼神交流，可以稍微移动一下位置或改变身体的方向，自然地将眼睛移到房间的不同区域；也可以在演讲过程中停下来问一个问题，看看周围有没有想互动的听众。借助互动，演讲者可以缓解紧张的情绪。

演讲 案例赏析 07

视频TED演讲《让肢体语言给你力量和自信！》片段

视频：TED演讲《让肢体语言给你力量和自信！》片段

演讲原文：But our question really was, do our nonverbals govern how we think and feel about ourselves? There's some evidence that they do. So, for example, we smile when we feel happy, but also, when we're forced to smile by holding a pen in our teeth like this, it makes us feel happy. So it goes both ways. When it comes to power, it also goes both ways. So when you feel powerful, you're more likely to do this, but it's also possible that when you pretend to be powerful, you are more likely to actually feel powerful.

参考译文：我们非语言的部分，是否真的掌控我们对自己的想法和感受？这里确实有些证据可以表明，举例来说，当我们高兴的时候我们会笑，但同样的，当我们含着一支笔练习笑容的时候，我们也会感到开心，这说明这是相互的。说到力量的时候，亦是如此，所以当我们感到充满力量的时候你更加可能会这样做，但你也可能假装自己很有力量，然后真的感到力量强大。

　　哈佛商学院的教授艾米·库迪介绍说，当你双手叉腰时，自信心会得到大大的提升。[①]因为人的身体和情绪是一组互为关照的对象。身体表现得自信时，你的大脑会分泌出更多自信的时候分泌的激素。

　　因此，在演讲时使用适当的肢体动作可以反作用于心理，有效缓解紧张情绪，达到完美的演讲效果。让动作更自信，心随情动，眼随手动，让有设计的肢体动作融入你的演讲中，相信每次都会有新进步。

---

① 引自艾米·库迪 2012 年在 TED 演讲上的发言。

第六节　紧张心理的言语调整

在演讲中难免会因为各种情况而产生紧张心理，紧张是人类的一种本能，也是一种自我保护机制。所以不是要消除紧张，而是要学会如何与紧张共舞。

由此可见，演讲中通过言语调整可以有效帮助克服紧张心理。那么言语调整有哪几种方式呢？

一、有效运用语言

把握词汇外延意义与内涵意义的准确性，即让听众听到词语后能够准确地联想到现实世界中的事物，能够明白无误地感受到演讲者的意图和态度。

外延准确的首要条件就是发音正确、语音语调正确。演讲中，要尽量避免口音对意义理解造成的障碍。

内涵准确就是要做到褒贬合宜。用于感情表达的词汇通常具有较强的主观性。注意不要使用感情色彩过于强烈的词汇，以免引起听众反感。不要使用煽动性、暴力性及歧视性等词汇。

在措辞上要简明生动，避免枯燥乏味。多用具体词汇不用抽象词汇，多用简单词汇不用过于复杂或晦涩词汇，用具体的行为动词可以把听众带入动态的视觉感受之中，用具体的事 物名称和描述性语言，有利于消除笼统的和模糊的认识。

二、熟练运用演讲技巧

学会运用音质、音量、语调和语速等类语言来传递情感和情绪。在设问之后或自问自答之间宜稍作停顿，以便听众积极参与。

如果是有准备的演讲最好能够脱稿发表，并以谈话的方式娓娓道来，显得亲切而具有感染力。做到这一点需要事先准备好一个演讲大纲，背诵讲稿时按层级记要点及阐述要点的关键词，并记住各部分意义单位的内在逻辑。如果做不到背诵全稿，也不能照稿宣读，而是尽量做到半脱稿演讲。无论哪一种情况都要事先演练直至做到自然流利。

三、善用语言暗示法

语言的暗示可以消除紧张情绪，这种暗示性的语言可以是多样的，包括自我暗示和他人暗示。比如，在演讲前可以这样自我暗示："今天听众很熟悉，没有必要心情紧张！""我不是准备得很充分吗？我是很有信心的。"

　　他人暗示来自好朋友和家长，同样可以用于消除紧张情绪。比如，要好的朋友可以用积极语言暗示："你一定能行！同学们正等着为你的精彩演讲喝彩呢！"父母也可以这样进行暗示："你是最棒的，今天是你展示自己形象的最佳时机！"通过这些语言的暗示，那些紧张的情绪很快就会不翼而飞，随后便可以进入正常的表达角色。

　　在演讲的过程中，还可以通过使用停顿来重启注意力，让自己和听众都迅速地平静下来。一个会演讲的人，也一定是善用停顿的。

　　言语的力量是巨大的，无论是与听众进行互动的"向外言说"，还是给予自身以积极心理暗示的"向内言说"，只要运用得当，都能够有效缓解演讲时的紧张情绪。

第七节　紧张心理的环境调配

环境对心理的影响是巨大的，演讲时，为了消除紧张情绪，可以通过创设良好的外界环境，使自己的情绪得到放松。比如，在演讲前听一首轻松愉快的乐曲，看一则令人捧腹的幽默故事等。或有意识地把注意力转移在某一个具体的物件上。比如，可以赏析会场的环境布置，也可以与人闲谈，借以冲淡紧张的情绪。

调配环境的方式

应如何做到从环境调配上缓解紧张、焦虑的情绪？

（一）提前熟悉演讲场地

在演讲当天提前达到场地，站在自己即将要做演讲的地方，稍作演练，感受场地的空间和氛围，找一找主场的感觉。在演讲开始前一两分钟，闭上眼睛想象一下自己上台之后面对观众的场面。等你真正上台时，会感到这个场面很熟悉，就不紧张了。

（二）情景预演，创设热血情境

心理学研究表明，情境预演因为具有极强的场景性，因此能够使人自然而然地激发出最为真挚的情感。所以，高明的演讲者特别善于通过预设情境来酝酿情绪，以期迸发出最热烈的感情以感染观众。可以闭上眼睛，憧憬、想象最完美的演讲场景，试想观众都是和蔼可亲、心胸开阔，并且愿意接纳新鲜事物的，感受观众们善意的回应。在激情澎湃之下，也就来不及觉察自己是否紧张了。

（三）彩排预演练

演练能帮助我们找出需要改进的地方，通过设计与受众交流互动的环节，可以让我们更加有信心走上实战讲台。可以找朋友来观摩自己的彩排演讲，从第三方角度对演讲的呈现形式和内容进行中肯的点评。当然，也可以将自己的演讲过程录制下来，重复回听并分段研究。这样可以更加精准地找出自己需要改进的地方，有的放矢地进行调整，从而让自己的演讲技巧变得更加炉火纯青。

（四）冥想放松

良好放松的心情会有助于演讲者最后的呈现，所以在演讲之前，调整自己的心情和状态非常重要。因为场地和着装等因素的影响，演讲者不宜有较大的运动幅度去化解紧张的情绪。冥想的方式就可以让自己放松下来。冥想可以让演讲者剔除心中的杂念，更加专注于演讲这件事；也有助于降低应激激素皮质醇的水平，加深对演讲内容的记忆。可以通过想象演讲后成功的场景来缓解紧张的情绪。所以通过冥想放松，可帮助演讲者获得良好放松的心情（见图7-4）。

图7-4　冥想

（五）与观众友善互动

在上台前先和前面几排的观众聊聊天。一方面，这能够使场面更友善，帮助演讲者减轻压力；另一方面，演讲开始前看到多个和善的脸孔，也可以让接下来的演讲进行得更为轻松。

短暂而快速掠过的眼神接触，会让观众感觉到演讲者有些紧张甚至有些胆怯的情绪。一定要用比较稳重的眼神匀速地扫描全场的观众，保持微笑。遇到与演讲者的眼神主动接触的观众，演讲者要与其双目交锋持续三秒左右，这样有助于提升演讲者的自信心。

无论是聆听优美动听的音乐，轻柔地冥想，还是提前进行预演，通过外在环境的因素作用于演讲者的内在情感，都可以有效缓解演讲时候的紧张情绪。

🖉思考与练习

1.分析自身会因为什么原因而感到紧张，并根据本章所学寻找属于自己的克服紧张的方式。

2.除了本章提及的克服紧张的方法外，你还有没有其他方式可以克服紧张呢?

第八章　演讲范例赏析

第一节　"主题演讲"范例赏析

一、主题演讲

主题演讲指选择一个主题，围绕这个主题准备演讲稿进行的演讲。如"廉政主题演讲"就属于主题演讲。

二、范例赏析

示例1

《研究生三年之于我是蓝色的青春》演讲稿节选

大家好，我是人文学院硕士研究生应丰蔚。研究生三年之于我是蓝色的青春。蓝，是亮丽的梧桐蓝，作为工大首位研究生小梧桐，我和工大众多小梧桐踏过乌镇的石板路，一起走近世界舞台中央。蓝，是活力的研会蓝。作为工大研究生会的一员，我是如此深刻地记得和小伙伴们搬过的每一张桌子、支起的每一顶帐篷。我们在活动中无私奉献、挥洒青春，我们更在活动中收获成长、走向卓越。蓝色的会徽是工大研究生不可磨灭的青春印记。蓝，是温暖的工大蓝。今天，我们身着蓝色的硕士服，优雅而从容，自信而笃定。我们何其有幸在最美的时光遇见这样的工大，这样给予我们知识和能力、责任和担当的工大。同学们，愿我们铭记这温暖的工大蓝，向青春致敬、同母校告别、与未来相约！

（1）"大家好，我是人文学院硕士研究生应丰蔚。研究生三年之于我是蓝色的青春。"

主题演讲需要明确中心思想，概括段落大意，想好开头结尾，理顺起承转合。这一句点明了主题。

（2）"蓝，是亮丽的梧桐蓝，作为工大首位研究生小梧桐，我和工大众多小梧桐踏过乌镇的石板路，一起走近世界舞台中央。"

开头要轻松幽默，收尾要铿锵有力。从"浙工大首位研究生"入手，由点辐射到面，从乌镇走向世界，升华主题。

（3）"蓝，是活力的研会蓝。作为工大研究生会的一员，我是如此深刻地记得和小伙伴们搬过的每一张桌子、支起的每一顶帐篷。我们在活动中无私奉献、挥洒青春，我们更在活动中收获成长、走向卓越。蓝色的会徽是工大研究生不可磨灭的青春印记。"

主题演讲要穿插着讲故事，最好是不停地讲故事，而不是理论性说教。从案例入手，永远有打动人心的作用。这里注意每一段的开头，要将重要的"点"反复提，重要的"事"说三遍，对中心思想反复呼应，并与开头呼应，达到起承转合的效果。

（4）"蓝，是温暖的工大蓝。今天，我们身着蓝色的硕士服，优雅而从容，自信而笃定。我们何其有幸在最美的时光遇见这样的工大，这样给予我们知识和能力、责任和担当的工大。同学们，愿我们铭记这温暖的工大蓝，向青春致敬、同母校告别、与未来相约！"

主题演讲只能有一条主线，最多再加一条副线。作为一场毕业演讲，需要突出毕业这一主题，同时演讲的展开也需要围绕这一特定主题进行。

演讲 案例 赏析 01

2020年浙江工业大学毕业典礼毕业生主题演讲片段

视频：毕业生
主题演讲片段

在四年的社会实践中，我看到了西部教育困境，立下决心要为消除代际贫穷贡献自己的一份力量。我入选了西部计划，将于今年8月前往四川万源开展扶贫支教工作。沿着工大七届三十九位研究生学长学姐的足迹，用一年不长的时间做一件终生难忘的事。学弟学妹们，让我们一起做用青春回馈社会的青年追梦人！

大家好，我是来自人文学院的沈雪，遇见工大是青春最好的开始。工大四年，我攀登学业高峰，学业成绩第一。工大四年，我为热爱的学生会和志愿服务抛洒青春，知行合一，同舟共济，践行"尽我所能全心为你"的誓言。工大四年，带我放眼全球，日本友协交流、澳门青年峰会、加州伯克利研学，宽阔的国际视野与多元的思维给了我随世界而动的眼睛，今天我收到UCL等名校的offer，我将探索更广阔的未来。同学们，轻舟已过万重山，未来总在想象之外，愿大家追求不止，青春常在！

大家好，我是健行学院金融专业的王伟。在工大四年里，健行学院将敢于创新、勇于实践的种子播种在我心里。我跟着老师做项目，先后拿到校创新基金、国家大创计划以及省新苗基金的资助。

从以上视频中可以看出，主题演讲用一句话说明中心思想，其主题可以涵盖生活中的方方面面。演讲时应围绕主题统观全局，进行材料取舍、结构安排、情感抒发、语言运用等，将散乱的事项形成一个统一的整体，使听众容易理解。

第二节　"即兴演讲"范例赏析

大多数同学站在台上演讲的机会也许并不是很多，但日常生活中需要"即兴演讲"的时刻却会经常遇到。

一、即兴演讲

所谓"即兴演讲"，指的是演讲者在某种特定环境下，被外界激发而对某人、某事产生出来的一种临时性演讲形式。如大学生在社团选举的过程中，被大家推举为干部并要发表感言，一时间出现"词不达意"的现象。

演讲者在进行即兴演讲时，事先不会做过多的准备，不会有所谓的"演讲稿"。因此，即兴演讲更讲求演讲者的临场反应，讲求灵活性、随机性和针对性。它要求演讲者在很短的时间里在头脑中列好"提纲"，打好"腹稿"，上台之后迅速地、有条理地组织语言，或者是边想边讲，娓娓道来。

即兴演讲，既无讲稿，又无提纲，需要当场捕捉信息、展开联想，而且要求中心突出、有理有据。即兴演讲看上去像是即兴发挥，但其实它的准备早已经放在了演讲者平常的生活当中。

二、即兴演讲的准备

想要让自己在讲话时能够做到"言之凿凿"，演讲者必须要对所讲的内容非常熟悉。

即兴演讲的准备主要分为知识和心态两方面。知识准备可以从日常生活中积累话题，把看到有用的信息记录下来，做一个生活的有心人；心态上的准备则是要培养演讲的自信心。

演讲案例赏析2

2023年央视主持人大赛第十一期选手张慧鑫90秒即兴演讲

视频：选手张慧鑫央视主持人大赛演讲

张慧鑫： 青春无限量，声音更嘹亮，欢迎大家来到青春分享类节目《青春说》，我是主持人慧鑫。看到今天好多年轻的面孔在这里，扑面而来生机勃勃的感觉，撒老师，你在这儿干吗？老夫聊发少年狂，也算一种青春的方式。说到青春，大家会想到什么呢？想到力量，想到蓬勃的感觉，对吧？但是青春中也有太多挫折，但是直面挫折也是一种力量。这个时候我突然想到了一个诗人，大家很熟悉——李白。他怎么直面挫折呢?有人说他平时"人生达命岂暇愁，且饮美酒登高楼"，这也不是直面挫折呀。那你真的不了解李白。李白看到了"金樽清酒斗十千，玉盘珍羞直万钱"的时候，他"停杯投箸不能食，拔剑四顾心茫然"。因为他意识到要想完成梦想太难了。"欲渡黄河冰塞川，将登太行雪满山"。回头看，"行路难，行路难。多歧路，今安在"。不过直面挫折，有这样的力量，就会"长风破浪会有时，直挂云帆济沧海"。接下来呢，让我们有请今天的青春分享人尼格买提，看一看他如何直面自己的挫折，有请。

三、锻炼胆量的三种方式

如何提升自己在演讲中的自信心? 有三种方式可以锻炼自己的"胆量"。

（1）从身边熟悉的人入手，来构建谈话。

（2）在稍微陌生的领域，迈出第一步。

（3）允许自己犯错，并勇于改正不足。

演讲 案例赏析 ③

2023年央视主持人大赛第十一期选手刘心悦90秒即兴演讲

视频: 央视主持人大赛选手刘心悦演讲

刘心悦: 微光如炬，向光而行。大家好，欢迎收看今天的《追光者》，我是主持人心悦。走进光，让我们遇见更好的自己。这一年马上就要结束了，这一年我们爱着身边的家人，也爱着脚下的土地。很想知道您是否和我一样，曾经有过很多的瞬间，被我们这片土地上的人和一些事而深深地打动过。有一个名字在过去的60多年里一直是绝密，直到他88岁这一年才被公开。他就是为了我国国防事业奋斗终身的沈忠芳老先生。大国脊梁，国士无双，让我们把敬意的掌声送给他。我很感激自己的这个职业，让我有机会可以看到、遇到、听到、感受到那么多动人动情的中国故事，让我明白，其实许多伟大都藏在那些平凡人的坚持和不服输的精神里，所以我有机会可以一直追寻着光。当然新的一年我有一个小小的愿望，在追光的同时我也希望成为光源当中的一小点，哪怕有一瞬间可以给你某种力量，也是我无限的荣光。那么新的一年，继续让我们追光而行吧，谢谢大家。

四、即兴演讲的思维模式

即兴演讲的思维模式可以包含在一个"表达公式"上——确立观点＋搭建话题＋表达

框架＝即兴表达。首先要有一个清晰的观点，接着思考引入话题的方式方法，最后采用合适的表达形式将观点呈现给听众。

演讲案例赏析04

2023年央视主持人大赛第十一期选手冯琳90秒即兴演讲

视频：央视主持人大赛选手冯琳演讲

冯琳： 现场及电视机前的观众朋友，您现在正在收看的是中央广播电视总台2023特别节目《与你同行》，我是主持人冯琳。今天我们给的关键句叫作"追梦路上，我与知音同行"。谈起知音，我会想到杜甫笔下的"正是江南好风景，落花时节又逢君"。在诗人的如椽巨笔之下，遇见知音，是一件多么浪漫美好的事情。中国自古就有一个典故，叫作"伯牙绝弦"，高山流水觅知音。而今天中国在走向世界的进程当中，也遇到了许多志同道合的朋友，今年是中国改革开放四十五周年，也是共建"一带一路"倡议提出的十周年。我们的梦想是让世界听到更多的中国声音，看到中国智慧，接下来让我们有请来自江苏连云港的"一带一路"项目负责人，为我们讲述中国和哈萨克斯坦的追梦故事，让我们掌声有请。

通过以上的范例我们可以发现，即兴演讲的流程一般包括开场白、引入观点、构建话题、总结概括、结束语等。想要在短时间之内，迅速展开思维、找到话题，可以通过聚点成线、组合素材；借题发挥、展开联想；借用媒介、构建话题这三种方式，快速形成"腹稿"，来完成从容地表达主题。

演讲案例赏析05

2023年央视主持人大赛第十一期选手杨旭90秒即兴演讲

视频：央视主持人大赛选手杨旭演讲

杨旭： 各位好，欢迎来到《向幸福出发》，刚刚的精彩节目是不是带来了满满的正能量呢？那接下来要登场的节目又会带来什么样的惊喜呢？提示大家一个关键词——菜。这道菜可能不是什么山珍海味，但是您一定都吃过。背上行囊，走过万水千山，越过人山人海，下了飞机高铁回到家，打开电视，和全家人围坐在一起，饭桌上一定有你最爱吃的那道菜。时光将乡愁、将家的味道刻印在了味蕾上久久不能忘。说到这，你一定想到了自己家里最爱吃的一道菜吧。可能是爸爸妈妈的西红柿炒鸡蛋、烧茄子，也可能是奶奶爷爷煮的一碗阳春面，才下舌尖，又上心间，无论我们走了多远，当你尝起或想起这道菜的时候，它就像一个精准定位一样，定位到了家的方向。走出半生后

演讲的艺术

才发现，路的尽头是故乡；尝遍人间美味，才懂得人间至味是家常。马上就要过年了，不妨收拾好行囊，带着对家的思念，带上乡愁，向着家的方向出发吧。那接下来就让我们有请朱迅为我们带来一首歌曲《家的味道》。

　　当然，即兴演讲还有很多需要注意的地方，比如演讲者的语气，幽默的语言，甚至肢体手势的运用等，都蕴含一定的技巧。

第三节　"学术演讲"范例赏析

一、学术演讲

除了常见的各类以抒情为主的演讲以外，同学们在求学的道路上也经常会需要发表"学术演讲"，如期末学术作业展示以及毕业答辩等。

学术演讲是展现演讲者学术能力的重要表现形式之一，一般需要紧密围绕以下三个问题来进行准备。

（1）为什么这个问题值得被研究？

（2）你是如何研究这个问题的？

（3）你得出了什么结论？

二、范例赏析

演讲 案例赏析 06

视频：张文宏演讲片段

2020年张文宏医生的学术性科普演讲片段

我们全世界花了这么多的时间现在把这样一个元凶现在抓到了。它的元凶是什么呢？是流感病毒。所以你再看这张照片上面左上角是capturing a killer flu virus（捕捉致命的流感病毒），所以是一群医生、科学家，我们称谓自己是什么呢？我们是猎手……

我今天告诉你什么是流感，你知道了流感就理解了2003年SARS。2003年SARS来的时候你觉得我们毫无还手之力，死亡率多少？10%。为什么？很多人病都很重。所以这里有个问题，当一个新的病毒来到这个人世间的时候，你对它的抵抗力是没有的，你靠什么，靠我们的免疫力。一个新的病毒到我们人体的时候，我们的产生的免疫力不会很快就起来，因为我们所有的细胞对这个新的东西是没有记忆的，所以这个时候我们产生非常严重的跟它的斗争，这个斗争是天然免疫……

流感和感冒完全是两种病，一种有可能是非常重的，这个就是流行性感冒，它是一个特殊的病毒，这个病毒有可能会引起极为严重的一个临床表现就是肺炎，重症肺炎有可能会死人。那你说中国每年会有多少人会生流感，这个数值是中国疾控中心2019年一月份的数据，每年我们上报给中国疾控中心的流行性感冒的数据是多少？一百万不到一点点，八十几万。

这个重病的人会有什么结局呢？你自己觉得最重的病，死亡率最高的应该是什么呢？北京人都知道是SARS。好，SARS这个事情过去了，我今天告诉你2003年的SARS，全世界最后感染的人数是多少？8422例。死亡多少？916例。死亡率多少？10%。所以你记住一点，SARS死亡率10%。流感的病人当中有10%是重的。重的，什么叫重的？生肺炎。流感当中30%的要住重症监护室。入住的里面死亡率是多少？流感肺炎的死亡率是9%。所以我今天告诉你流感肺炎的死亡率是9%，SARS死亡率是10%。那你为什么对流感就不怕，对SARS就这么怕呢？因为对SARS你一无所知……

复旦大学新发传染病实验室把这个病毒鉴定出来了，你根本没办法去想象，原来是禽流感。为什么叫禽流感？就是因为他只是感染鸡和鸭。那今天怎么感染到你这人身上去了呢？大家记住一点，我们在家里吃鸡吃鸭的时候，都有知道鸡会发鸡瘟吧？鸡瘟里面有一种病毒，只会感染鸡和鸭的，不会感染人的，所有的病毒里面只要有禽这个字，他就是感染鸡和鸭的，不会感染人的，那么如果到人了，说明他跨越了一个屏障病毒的一个物种之间的界限，所以这个就是我们叫什么？叫物种界限。

物种界限一跨越以后，鸡的病毒都能感染人。所以在2013年，你看里面接受CCTV采访的是我，但是大多数时间我是下面这个样子的。这件事情是中国继SARS十年以后的一次巨大的胜利，我们在很短的时间，在上海，我们复旦大学的科学家把这个病毒鉴定出来，后来请中国CDC的科学家在一起来明确了是一个禽流感，而且他知道以后制定的方案，禽流感很快就过掉了。因为知道它从哪里来的，你把它的窝端了就没了，这是第一点。第二点，感染的人用流感病毒的治疗方案一上去，病人就活下来了，所以2013年是SARS以后中国最大的一个胜仗，对我们的卫生系统是一个很大的检阅。但是大家有没有觉得怎么今天还叫人感染H7N9禽流感呢，因为突然发现因为这个禽流感的人数量是有限的。也就是说，一个女孩子生病了有可能会感染她老公，也有可能会感染他的母亲，但是在我们看到的病人当中，大多数感染给自己家人的病例是很低的，不高于10%。这是一点。这10%里面大多数感染自己的母亲却没有感染自己的老公，所以在那一刹那，我对爱情产生了怀疑。

在内容架构的设计上，学术演讲有两种设计方法。

一是按照"是什么、为什么、怎么做"的架构来设计。

二是按照"提出问题、分析问题、解决问题"的架构来设计，具体可以根据演讲的主题特点进行结构的设计运用。

基本上，学术演讲一般会先给出一个例子，这个例子可能是现实生活中真正存在的例子，也可能是一个更为抽象的例子。在举例的时候，注意要只保留和研究的问题相关的内容，其他细节要舍掉。

在学术演讲中，幻灯片（PPT，即PowerPoint）作为简短信息的载体，只是演讲时的视觉辅助工具，所以注意不要按照幻灯片照本宣科地去读，使用户失去对演讲的兴趣。幻灯片上一般只写上关键词进行提示，而非长篇大论地描述。

对于问题的论证应该充分，应充分学习并熟练掌握社会科学的论证方法，包括比喻论证、因果论证、对比论证、正反论证、递进论证等。通过论证方法的熟练运用，我们可以使学术演讲的内容显得逻辑紧密、层次清晰、以理服人。

学术演讲的过程也是学术理论功底的体现，演讲中离不开学术理论的支撑，而要提高学术演讲的含金量，就必须提高自身的科研能力与科研水平。

一场真正意义上的"学术演讲"，在内容上要同时兼顾经典与前沿，做到从理念到方法再到过程的全线融通，并且能让听众真正从演讲中获得知识、技能与素养的提升。

学术演讲的完善只有起点，没有终点。想要进行一场优秀的学术演讲，需要从学术积累及演讲技巧上，进行全方位的学习与提升。

第四节 "中国国际'互联网+'大学生创新创业大赛"范例赏析

大学期间同学们经常会参加各种类型的大赛，其中就包括"中国国际'互联网+'大学生创新创业大赛"及"挑战杯"等，不同的大赛对于演讲能力的要求也是有所不同的。

一、中国国际"互联网+"大学生创新创业大赛

创新创业教育是素质的教育，能够培养符合未来发展的人才。"中国国际'互联网+'大学生创新创业大赛"作为一个创新性的项目，演讲内容上应尤其突出创新创业项目的创新性，演讲同时也兼具了"路演"的性质。演讲者在选择参赛项目时，需要考虑其实用价值、以及是否能满足市场真实需求。因此，可以优先选择已落地并进行过路演的项目。

二、范例赏析

如何通过演讲说服他人，增加产品的支持度？首先，要找准论点，并寻找支撑论点的依据和材料。其次，在演讲形式上，可以通过PPT和现场的互动进行项目风采展示，这要求演讲者具备很强的现场感。

演讲案例赏析**07**

2019年第五届中国"互联网+"大学生创新创业大赛总决赛冠军争夺赛，浙江工业大学"I HE@R"团队

视频："中国'互联网+'大学生创新创业大赛"演讲

演讲原文: Starting from the fact that there are about 466 million people are disabilities and deaf-mutes in the world, and also it's going to be an increase in the 2050s to be 900 million disabled people. You can imagine about the city like Beijing population full of deaf and mute people.

"I HE@R" what does it mean? I am here, and I can hear actually. I hear wants to make a product similar to "Xunfei". A product that not only link are disabled to disabled, no a normal to disabled and also we want to combine a full community without such kind, that's say, a discrimination between disabled and normal people. When they want to go for a private or special places.

For that, we put the platform, we called it, "I HE@R". "I HE@R" platform cover software and hardware solutions. Software is a mobile application for Android and IOS. Also internet extension for Internet Explorer also we vote as all as machine to help disabled people. Emergedly urgently when they need the help. Also we created a handheld tablet to help them. This is our products. "I HE@R" application that can translate voice to sign, sign language, to voice real time offline immediately. Also, we created a device on health device that can translate the same things. Also, we created a 3D model that can pop up when you are listening for any music, or you are listening for any audio content inside your laptop. This is our adjustable customize our freedom model which makes them we made it friendly to use and you can design whatever you like to use it using icon seven. We already submitted two patents. One patent for converting audio into 3D sound. The second is making SOS service machine.

参考译文： 从世界上大约有4.66亿人是残疾人、聋哑人这个事实出发，截至2050年，残疾人数将会上涨到9亿人。你无法想象一个像北京人口一样多的城市全是聋哑人。

"I HE@R" 的意思是 "我在这里（I'm here），并且我听不见（and I can't hear）"，此项目致力于开发一种和"讯飞"相近的产品，它不仅能连接残疾人和残疾人，还能连接普通人和残疾人，同时连接整个社区，让健全人和残疾人之间不会被区别对待。

为此，我们带来了一个平台，我们叫它"I HE@R"。它覆盖软件和硬件解决方案，软件就是安卓端和iOS应用端，还有浏览器的拓展插件。还有，我们带来了SOS机，在紧急时刻帮助残疾人，还有手拿式平板来帮助他们。这就是我们的"I HE@R"应用，可以全程实时将人声转换为手语，将手语转换为人声。同时，我们打造了可以转换同样信息的手拿式设备，并打造了一个3D模型，当你在你的平板上听音乐或使用任何音频内容时都会弹出。

这就是我们可调整定制的3D模型。我们让它们容易操作，并且你可以设计任何你喜欢用的模型。我们已经提交了音频转换为3D声音的专利，第二个是制造SOS服务机的专利。

主持人： 作为国际赛道的金奖，为什么选择到中国创业、路演此项目？

演讲者： 我们想解决社会问题。当我在伊拉克的时候发生一件事情，有天一辆公交车从我身边经过，我看到车上有人争吵打斗，但事实上后来我才意识到他们在使用手语。在2008年时，我意识到世界上还有另外一门语言没有使用我们的日常词汇。那些聋哑人有麻烦，他们不能相互交流。

（1）"从有世界上大约4.66亿人是残疾人……你无法想象一个像北京人口一样多的城市全是聋哑人。"

在搭建产品的商业模型时，首先要明白产品存在的目的以及市场需求，这属于商业原点。

（2）"I HE@R 的意思是我在这里（I'm here），并且我听不见（and I can't hear）……让健全人和残疾人之间不会被区别对待。"

参赛演讲内容中，重点应该体现商品的创新特性；其次，还要了解产品的市场规模，以及如何切入市场。这将决定产品后续是否具有可持续发展性。

（3）"为此，我们带来了一个平台，我们叫它 I HE@R……当你在你的平板上听音乐或使用任何音频内容时都会弹出。"

从视频中可以看出，演讲者需要对自身演讲项目的创新点以及闪光点十分了解，这也意味着参赛演讲者一般也兼具创业者的身份。

（4）"这就是我们可调整定制的 3D 模型……第二个是制造 SOS 服务机的专利。"

演讲产品应具备高频、刚需的特性，这一点可以通过相关实证数据，以及具有公信力的证书等来加以付诸说明。根据不同的产品特性，有时还需要进行相关外形设计，如时尚类产品等。

（5）问答环节。

提问者："作为国际赛道的金奖，为什么选择到中国创业、路演此项目？"

演讲者："我们想解决社会问题，当我在伊拉克的时候发生一件事情，有天一辆公交车从我身边经过，我看到车上有人争吵打斗，但事实上后来我才意识到他们在使用手语。在 2008 年时，我意识到世界上还有另外一门语言没有使用我们日常词汇，那些聋哑人有麻烦，他们不能相互交流。"

在对项目进行展示和大赛的答辩互动环节等，针对导师的现场提问，创新型人才应体现三种能力。

创新思维能力，可通过参加大赛对能力进行锻炼。

逻辑思维能力，可以通过对商业计划书的描摹进行对逻辑思维的锻炼。

系统分析能力，也即说服力。

根据对优秀参赛项目进行赏析，尤其是对项目创新元素加以分析，可知同学们的选题应贴近大学生创新创业大赛的主题。在整个参赛项目的前期准备中，最重要的环节之一，便是通过演讲说服他人增加对产品的支持度。

拥有优秀的演讲能力，不仅可以在大赛中取得良好成绩，更可以获得潜在投资人及合伙人的青睐。

第五节　"微党课比赛"范例赏析

"用新视角讲透老道理，用小选题讲清大道理"，这就是"微党课"的魅力。通过"微党课比赛"，不仅可以结合党的历史和习近平新时代中国特色社会主义思想，为听众带来思想的洗礼，也有助于持续促进我国精神文明建设。

一、微党课

"微党课比赛"既是一种创新的思想教育方式，也是一项强化意识形态建设的良好举措。借助微党课比赛，可以落实好"党建+"理念。微党课的常见表达方式是用一个故事来串联起整个演讲内容的各个板块，因此演讲的开头部分需要加强渲染。

二、范例赏析

演讲 案例赏析 **88**

2020年浙江省第十一届微型党课大赛陈曼姣演讲片段

视频：陈曼姣演讲片段

（1）2020年对我们国家来说，是具有里程碑意义的一年。在这一年，我们将决胜脱贫攻坚；在这一年，我们将全面建成小康社会。

"微党课比赛"要求着装整齐，声音抑扬顿挫、感情丰富，以抒发对党和国家无限忠诚和热爱之情。微党课承载大情怀，小故事诠释大道理，小话题撬动大主题，这也是"微党课比赛"的重要社会价值所在。

（2）2020年，对我们来说是极不平凡的一年。我想说在座的各位，每一个人都是抗疫路上的战斗者，每一个人更是小康路上的奋斗者。那么我们该如何找准奋斗的方向呢？接下来我将分享自己三个不同身份经历的三个真实故事，和大家一起试着向科技寻找奋斗的方向。

"微党课比赛"一般主题是已经确定的，但是对同一主题理解的深度、精准度，各个选手是不同的。因此需要对主题进行思考和加工，其中"切口要小，情怀要大"是很重要的一点。

（3）大家看，这张照片拍摄于六年前，当时我是西部计划的支教老师。在贵州省湄潭县，我问一群孩子的梦想。有个男孩儿高高地举起手说，"我想当科学家"，很多同学都笑了，后来我才懂得笑声背后的无奈。整个县城每年考上大学的人数都屈指可数，要培养一名科学家谈何容易？为了守护他们的梦想，2014年12月，我们把这些孩子带到杭州，带进浙江大学的实验室。看着大学教授们手中奇妙的实验装置，看着大学生哥哥姐姐们发明的机器人踢足球比赛，那一刻他们的眼睛闪动着光，我知道那是被科技点亮的希望之光。也就是从那刻起，这个男孩的成绩开始突飞猛进。大家看这个照片正中这个帅小伙呀，就是我故事中的男孩儿陈明伟。如今的他已经立志成为无人机领域的科研专家，我也相信这十年、二十年之后，在我们中国的科学家名单中一定会有他的名字。

通过对主题深刻精准的理解，对切入点和聚焦点的思考和选择，接下来可以进行讲稿准备。讲稿的要求是：主题鲜明，逻辑严谨，语言准确生动，案例有说服力，公理法则运用得恰到好处。

（4）也正是在2018年，我支教过一年的湄潭县也依靠科技振兴茶产业正式脱贫摘帽，这也是我第一次真正地理解科技脱贫是对一个孩子、一个家庭乃至一片土地的重要意义。毕业后的第一份工作是新闻记者，照片中的我正在采访浙商代表宗庆后。采访中，我印象最深的是他说，1987年42岁的他还在杭州的街头骑着三轮车卖着四分钱一根的棒冰。卖着卖着他发现，来买棒冰的学生中有很多都有营养不良的情况，于是他借了五万块钱，邀请当时浙江医科大学营养系的教授朱寿民研发配方。随着营养液的研制成功，科技赋能让"娃哈哈"三个字响彻了千家万户，而宗庆后也一度成为带着三万多名员工一起创业、一起致富的中国首富。我想这就是敬科学、懂科学对一个企业发展的力量。包括浙商在内的浙江人民一直以来运用科学的力量把浙江从一穷二白变成经济大省，从绝对贫困走向全面小康。回顾这次疫情，是浙江最早启动一级响应，是浙江最早采取最严格的联防联控措施，是浙江最早运用大数据精准智控，是浙江最早提出"一图一码一指数"，是浙江最早领着"绿码"有序复工、复产、复学……

演讲过程中要少说空话，少说拗口的话，少说语句长的话，可以使用反问、自问、排比等种种方式去强化语言表达的效果。

（5）如今，我是浙江工业大学的一名教师。第三个故事，我就来讲讲身边高校的故事。在我身边有很多科研工作者，他们把论文写在祖国大地上，把研究成果用在科学防控中。我们的李兰娟院士分离病毒毒株，亲赴武汉；我们的陈薇院士领衔新冠疫苗的研发；我们工大的博士生在国际顶尖期刊上发表了温州疫情防控成果。他们把浙江经验、中国经验分享给全世界！一个山里的孩子点燃科技梦想改变命运；一群勤劳的人民利用科技力量打造窗口；一批高校师生立足专业特色科技报国。可以发现这些故事中的人和我们一样都是平凡人，但只要找准了奋斗方向，我们也可以和他们一样参与这场不平凡的伟大征程！习近平总书记指出今天党和国家事业发展对高等教育的需要、对科学知识和人才的需要比以往任何时刻都更为迫切。我们作为青年党员，要学会用科技解决难题，用科技点燃奋斗之光，为全面建成小康社会、全面建成社会主义现代化强国而努力奋斗，让中华民族伟大复兴在我们的奋斗中梦想成真！

新时代的万千气象，激荡着每一个梦想；新时代的蓬勃朝气，激励着每一种奋斗。微党课是顺应新时代而产生的一种党教新载体，是在较短的时间内，运用小的事例或实践来阐述、宣讲大的道理，给人以启发、启迪并产生共鸣的一种党课创新形式。新时代党课也有新气象，当代青年学子应当在准备"微党课比赛"的过程中不断提升，重学习、重担当，踏实实干，不负韶华。

唱响时代旋律，展现青年担当。微党课汇聚正能量，参赛选手应充分发挥微党课"以小见大、见微知著"的优势，以及"身边人讲身边事，身边事教身边人"的独特魅力，给现场观众带来有深度、有态度、有温度的微党课演讲。

第六节 "战'疫'宣讲团"范例赏析

一、"战'疫'宣讲团"

2020年，在全国上下各级单位和人民群众的齐心协力下，我们以坚不可摧的力量，众志成城地打赢了这场疫情保卫战，其中也涌现出许多值得我们学习的榜样和精神。

习近平总书记在给北京大学援鄂医疗队全体"90后"党员回信中写道："广大青年用行动证明，新时代的中国青年是好样的，是堪当大任的。"疫情期间，青年人的身影无处不在，无数"90后""00后"冲锋在前，一起用青春与力量为祖国建起防疫长城，用热血与担当为困境中的城市带来温暖与希望。

二、范例赏析

演讲 案例赏析 **9**

2020年浙江省思政微课大赛吕建威演讲片段

视频：吕建威演讲片段

（1）3月29号，习近平总书记在浙江省调研疫情防控和复工复产工作时指出"大家要迎难而上、克难攻坚，在党和政府的支持下同舟共济、共克时艰"。近三个月疫情防控的点点滴滴，使我们的信念更加坚定。一直都是决胜小康排头兵的浙江省，在艰苦卓绝的防"疫"战争中，也继续用信仰的力量书写了一个个闪耀着浙江精神的故事。

学习好、研究好、宣传好习近平新时代中国特色社会主义思想，是宣讲团的中心任务。"战'疫'宣讲团"应以深入宣传习近平总书记关于新冠肺炎疫情防控工作的系列重要讲话和重要指示、批示精神，作为一条主线，深入宣传党中央、国务院的重大决策部署和要求。

（2）疫情暴发以来，全国各地基层工作者用自己的双脚丈量疫情防控的路程，让五星红旗在疫情防控的第一线高高飘扬。76岁的邹妙富是浙江衢州开化县的一名老党员。疫情发生后，邹老第一时间向村里申请加入抗疫队伍，但村党支部为邹老身体考虑，委婉地拒绝了他的请战。虽然无法战在一线，但邹老坚决不当抗疫局外人，与妻子邹兰芳决定做好后勤保障。两位老人坚持每天用扁担挑着饭菜给工作人员送去，乡村的干部怕老人天天走山路送饭不安全，多次劝导，但邹妙富老人却说："作为一名老党员，只要疫情一天没结束，我们就一直送下去"。我想一生坚守信仰的邹老，也是成千上万名基层工作者的缩影，他们用那早已深入骨髓的全心全意为人民服务的精神，毅然扛起了这份守护国家、服务人民的责任。正是因为有他们这样永远干在实处，用自己的汗水演绎着人间大爱的人，才让我们深刻地理解了坚守信仰的力量。

"战'疫'宣讲团"要讲清楚在疫情大考面前，中国政府展现出的高效的组织动员能力和国家担当。

（3）疫情时期中国速度让世界为之惊叹，继雷神山医院、火神山医院火速建成后，支付宝"健康码"也充分展示了中国速度，仅仅用7天时间，便由浙江推广至全国各省。而"外婆家"餐饮企业转变战略开启了健康外卖全城配送；"丁香园"上线全球疫情地图，在线免费问诊量超过100万人次；万事利丝绸老字号紧急转产口罩，并使口罩日产能突破100万只；每天在"钉钉"上1.5亿人打卡报平安，5000万学生用钉钉在线上课；银泰商业集团线下门店采用"云逛街"营销模式，让直播卖货成为新趋势。新时代浙商用拳拳赤子心造梦，用殷殷爱国情创未来，彰显着浙江人"走在前列"的时代精神。

要通过故事讲清楚面对生死考验、极限压力之下的"疫"与情、"疫"与理，用生动感人的抗疫故事，筑牢真善美的道德防线。

（4）肩负着时代重任的新时代青年，也在疫情防控中用青春信仰的力量散发着光芒。疫情发生后，共青团浙江省委第一时间作出响应，迅速组建起疫情防控青年突击队。坚强而充满活力的年轻身影，筑起疫情防控阻击战的青春长城。党旗所指，团旗所向。国家电网浙江电力团委组建了由近2000名共青团员、青年党员组成的电力红船青年突击队。他们主动放弃休假返回一线，保障用电的安全可靠。湖州市中心医院的护士长周庆，带头写下请战书，"我相信自己的业务能力，这个时候冲锋在前责无旁贷"。1997年出生的陈飘维和王丹是出征武汉队伍中年龄最小的队员，他们说："湖北的疫情严重，人员紧缺。作为呼吸内科护士，理当冲在第一线。"这些带着稚气的国家保卫者，在出征那天一夜长大，抗"疫"征途一路成长，在挥汗如雨中脱胎换骨，在逆境挑战中顶天而立。正如习总书记所说，广大青年用行动证明新时代的中国青年是好样的，是堪当大任的。

要讲清楚疫情考验是对伟大中华民族的又一次淬炼。

（5）当前全球疫情仍然险峻，我们要不畏艰险、迎难而上。困难终将会成为全面小康道路上的垫脚石。在疫情中广大浙江人展现出的"干在实处、走在前列、勇立潮头"的浙江精神，也为浙江的新发展增添信仰的力量。同样疫情期间，广大共产党员守初心、担使命、冲在前、干在前，在这场没有硝烟的战争中成为战"疫"前线最美的逆行者，更是生动地诠释了共产党人坚定的马克思主义信仰和牢固的共产主义信念，凝聚了打赢这场被称为史诗级保卫战的磅礴力量。

"文章合为时而著",发青年之声,尽青年之力,推动理论学习与社会实践相结合,让青春年华在时代实践中绽放绚丽色彩,是"战'疫'宣讲团"的价值目标。

(6)让我们用"心中有信仰,脚下有力量"来时刻激励自己,用信仰点亮人生,让信仰之光始终照耀我们在中华民族伟大复兴的道路上奋力前行!

"时时在宣讲,处处可宣讲,人人要宣讲,事事思宣讲",这是宣讲团的发展方向。通过线上线下等宣讲形式,以战"疫"理论、战"疫"政策、战"疫"常识为主题进行志愿宣讲活动,可以充分发挥新时代青年的示范作用。

(7)在2018年的夏天,我与浙江省新世纪人才学院的同学们一起走进革命圣地井冈山,重走红军长征路。而让我久久不能忘怀的是教育基地正门口那七个耀眼夺目的大字——让信仰点亮人生。那么信仰是什么呢?今天就让我们一同感受来自信仰的力量。今年是我国全面建成小康社会和"十三五"规划的收官之年,原本欣欣向荣的生产发展却被一场突如其来的疫情打乱了阵脚。然而站在"两个一百年"奋斗目标的历史交汇点,浙江省果断肩负起坚定不移谋发展的政治责任和光荣使命。

宣讲会包括战"疫"书信、战"疫"日记、战"疫"故事等形式,可以通过开展微宣讲,唱响战"疫"新旋律。

正如习近平总书记所说,"国家的前途,民族的命运,人民的幸福,是当代中国青年必须和必将承担的重任"。战"疫"宣讲团的宣讲员以"学习者"的身份积极筹备、精心策划,以"宣传员"的身份进行宣讲,可以发挥思想引领和价值引领的作用。

昔日因国有征召,白袍变铠甲,家国同枝,不问归期。今日,他们踏春凯旋,解甲返乡,赫赫显威名。在抗"疫"过程中涌现出许多可歌可泣的英雄故事,历史应当被铭记,"战'疫'宣讲团"很好地记录并传播了这些真善美的故事。

第七节 "经典的声音"范例赏析

一、经典的声音

毋庸置疑，声音是有气质的，由听觉感知的气质，就是声音的魅力，那些华丽、富有磁性和辨识度的声音，永远会留在时代的长河中熠熠发光。

如果说时光是一条历史的长河，它总能积蓄一种力量，引领我们不断向前，再向前，那些存留在人们记忆深处的时代之声，也将一直涤荡胸怀，激励青年人成长。中国第一代播音员葛兰，她的声音伴随着新中国的成长，影响了几代中国人。

二、范例赏析

在《中国播音口述史》栏目中，中国播音艺术家葛兰对《沁园春·雪》诗篇进行了动人的演绎及解析。用声音见证历史、记录时代、表达情怀，让我们一起来学习经典的声音。

演讲 案例赏析 **010**

葛兰对《沁园春·雪》诗篇的演绎及解析片段

视频：葛兰对《沁园春·雪》诗篇的演绎及解析片段

1936年的2月，毛泽东率领红军，渡过黄河，到华北前线对日作战，途经陕北袁家沟时，适逢大雪，毛泽东面对雪花飞扬的壮丽河山和蓬勃发展的革命形势，更加坚定了必胜的信念，写下了这首气势磅礴、雄浑豪迈的诗篇——《沁园春·雪》。这首诗（词）开始的时候，应该毛主席对雪景非常地欣赏，所以朗诵这首诗的时候也不要喊，他真正看到了，我们读诗的时候必须眼睛看到它，再说出来。

"北国风光，千里冰封，万里雪飘。望长城内外，惟余莽莽；大河上下，顿失滔滔。山舞银蛇，原驰蜡象，欲与天公试比高。须晴日，看红装素裹，分外妖娆。江山如此多娇，引无数英雄竞折腰。惜秦皇汉武，略输文采；唐宗宋祖，稍逊风骚。一代天骄，成吉思汗，只识弯弓射大雕。俱往矣，数风流人物，还看今朝！"有人开始就是"北国风光"。不是这样，毛主席是很沉稳地看着这个，所以要跟着。大河是什么？黄河，那时候都结冰了，顿时它没有滔声了。

"山舞银蛇"，就看到像银蛇一样，本来是静的东西，都是白雪呀，但是一个"舞"字把这首诗搞活了。就像山上（有）蛇在舞。"山舞银蛇，原驰蜡象"，再往远处看，好像是原野上跑大白象一样，有的地方，就把这个雪景——他这种描述那是很绝的，确实是惟妙惟肖的。

后来也是，你比如说"望"。这个"望"字啊，有的说"望长城内外"，就这样。实际我们应该望什么呢？他也是望长城内外，就是看到了，惟余莽莽，都是一片白的。所以他应该是看到了情景，大河上下。黄河怎么样了？"顿失滔滔"，不再呼呼地流了，水的声音没有了。然后"山舞银蛇，原驰蜡象，欲与天公试比高"，好像这样，本来是静物，变成动的了，而且咱们要跟老天爷比比高低。就在这，所以他写的气魄是真大的。

然后再"惜"，这个惜什么呢？秦皇、汉武帝，这些都应该明白是谁。"秦皇汉武，略输文采"，并不是毛主席看不起他们来略输文采，不是这个意思。秦皇、汉武历数历代朝廷的人，他有的就会打仗，他们的文采谈不上，略输文采。"唐宗宋祖"，唐太宗，"稍逊风骚"，也能写上两笔，但都不能够成气候。另外呢，"天之骄子"，该是谁了，"一代天骄，成吉思汗"，怎么样？"只识弯弓射大雕"，也就是这样而已。所以这是历数朝代，把我们这引出来了，然后"俱往矣"，都算上，还得"数风流人物，还看今朝"，还得是看我们这一代。所以他这个诗写的，三层意思。雪景的时候，也表现出他这种（感觉）。然后历数朝代，最后就是还得看我们现在。所以这些东西得吃透它，时代背景、毛主席的心情，跟每个都不一样。所以就是不是在哪儿喊就得了，谁嗓门大就行，不是这样。不管是古今中外的诗，也是这样。

葛兰老师是德艺双馨的播音艺术家、教育家。她熟练掌握多种节目的播音技巧，尤以新闻和评论性节目见长，形成了清新明快、朴素大方、感情真挚、刚柔得体、平中见奇的播音风格，深受广大听众的喜爱。葛老师为播音艺术的发展、播音人才的培养，作出了重要贡献，也让我们深刻领略到中央台"事实准确、逻辑清晰，态度鲜明、分寸得当，庄重大气、朴实自然，明快流畅、新鲜感强"的声音形象。

"传、帮、带"一直是中央台老播音部的光荣传统。20世纪90年代以前，所有新入台的播音员，都会指派经验丰富的老播音员专职培养，从专业知识到思想品行，进行长达半年，甚至多年的专业思想教育[①]，让我们跟随中国播音艺术家们的步伐不断奋进、持续进取。

✎ 思考与练习

1. 如何让自己的演讲更加动情？请根据本节的学习内容开展情景练习。
2. 试着对你所关心的方向做初步的创业项目规划，并形成演讲思路。

---

① 以声立台 传承初心——央广播音员主持人导师计划正式启动.（2016-10-17）[2024-02-01].http://ygzq.cnr.cn/20161017/t20161017_523202589.shtml.

第九章　演讲与面试

第一节　面试是一门演讲的艺术

面试是一门演讲的艺术，更是自我内心的较量。《尚书》中提到，"唯口出好兴戎"。人生不外乎言动，面试就是对言动的考察，就是对言语和行动的评估。本节将从语言表达出发，辅以行为中的礼仪，一探面试艺术之究竟。

一、面试的艺术

演讲 案例赏析 **01**

撒贝宁早年面试主持人片段

视频：撒贝宁面试片段

撒贝宁： 各位好，我是49号选手撒贝宁，来自北京大学法学院，但是我选择做一名主持人而不是律师。首先，我觉得大家的工作都是说话；其次，现场的嘉宾就是我的谈话对手，不过他们可能动不动站起来跟你急；最后就是都有观众。不过作为律师，现场旁听的人中可能有人恨你，不过作为主持人嘛，估计没有什么机会会招致愤恨，不仅如此，我还希望大家喜欢我，谢谢！

请思考两个问题：

1.你觉得撒贝宁的面试表现如何？

2.说说自己印象最深的一次面试。

二、面试过程中的"代"词艺术

每一次面试都是人生的宝贵经历，可以说面试是短时间内的自我营销。那么，我们如何把握面试的艺术？

要掌握面试中的"代"词艺术。心理学家研究表明，多数人不甘平庸，多数人有展示自我的欲望。在面试过程中，有很多学生喜欢强调代词"我"——"我"适合这份工作、"我"毕业于某所学校等。这时候考官很容易厌烦，那么要怎样解决这个问题呢？我们不妨让代词变个身，比如用较有弹性的"我觉得""我想"来起到缓冲作用，使用"我们""我的拙见""我个人的看法"等替代语。

三、面试过程中的"借"口艺术

在面试中，很多考官会将问题直接抛给应试者，对于无法正面回答的问题，应试者不妨巧用"借"口，也许能有出乎意料的效果。

考官问："你认为自己大学期间的成绩优秀吗？"

如果应试者正面回答，可能会说："我想应该是不错的吧！"

但如果应试者借用他人的口来证实自己，就会增色不少——我本科四年，有三年拿到了一等奖学金，毕业时被评为优秀毕业生。

可见"借"口艺术就是避免单刀直入，委婉得体、曲径通幽，但不能盛气凌人，更不能无中生有、凭空捏造。

如何用"借"口艺术总结自己的一个优点？我们可以说——生活中，我是朋友眼中的小树洞，好的坏的情绪都可以往我这装，我是一个值得信任的朋友。

四、面试过程中的用"语"艺术

用"语"艺术，一是指"语"与"气"的和谐统一。气者，神也；韵者，形也。在面试中，只有形神兼备，才能气韵生动、神采飞扬。二是指语无定势。面试中思想的天马行空，气息也随之灵活多变，语言样式更是姿态万千，所以"语"与"气"就会有千姿百态的语言态势。

第二节　面试技巧——向阳力

习近平总书记在2018年全国宣传思想工作会议上强调"四力"，即脚力、眼力、脑力、笔力，这是媒体人践行的四"力"。对于面试来说，我们更需要内化于心、外化于行的"四力"——向阳力、向美力、向善力和向心力。

面试中的自我介绍

（一）向阳的自我介绍

什么是向阳力？它可以展现在向阳的自我介绍和向阳的自我风格中。

向阳的自我介绍，表现为阳光、阳气，给人自信、温暖的感觉，这是面试官开启了解你这扇大门的第一把钥匙。

（二）时间掌控的方法

（1）根据文稿测算你1分钟说话的字数，训练内心对时间的概念。
（2）巧用录音软件做自我的考官，在反复的自我听练中提升自己。

演讲案例赏析02

2019年《谁在说》春节特别节目高天《口才成就梦想》演讲片段

视频：高天演讲片段

我叫高天，"高瞻远瞩"的"高"，"胸怀天下"的"天"。我是一个地地道道的农民的儿子。直到今天，我72岁的父亲和70岁的母亲，还在江苏省盐城市建湖县一个叫高家庄的地方种着7亩地。在这里，我要特别感谢我伟大的父亲和母亲，在1976年给到我一个来到这个精彩世界的生命，让我今天有机会站在这里和大家演讲。

阳光、阳气的自我介绍是真实自我的展示。在面试中不夸夸其谈，学会察言观色、审时度势，做一个善于观察、遇事不慌、做事思考、办事靠谱的新青年。有创意、有掌控、有内容的自我介绍一定会让人在面试中成为一只潜力股。

（三）向阳的自我风格

演讲案例赏析**3**

《加油吧实习生》中众人面试状况百出集锦

视频:《加油吧实习生》面试集锦

宋暖：我叫宋暖，今年21岁。

面试官：等一下，问你什么回答什么。哪个学校毕业的？

宋暖：万里学院。

面试官：我们总裁的师妹是吧？

宋暖：嗯。

面试官：来，把这支笔推销给我。

宋暖：这……这是我们公司最新研发的产品，它外观高端大气上档次，特别适合成功人士……

视频中面试者非常紧张，语意也不够完整。如果我们遇到宋暖这样的情况，要如何推销一支笔才能给老板留下印象，顺利通过面试呢？我们可以说："老板您好，您这么精神抖擞，一看就是成功人士。正好，我这里有一支笔，特别适合您的气质和风格，你也可以买回去送给朋友，带着它出去绝对不会给您丢面子，您看你要不要带一支呢？"

如何让一支不起眼的笔找到合适的客户，就如怎样把自己推销给单位。面试时找到适合自己的风格是重要一步。

我们要了解自身的特点、语速语调，思考回答问题的方式，要深深懂得，面试风格不是要装出一副完美的样子，而是将自己最自信的一面阳光地展示出来，这便是向阳的自我风格。

自我介绍也好，自我风格也罢，最终的秘籍是调整最佳的兴奋状态——高兴地说话。

以向阳的姿态进入面试环节，是打开面试成功大门的第一步。面试的过程，也很像恋爱的过程。面试的向阳力体现在阳光、阳气的状态，只有找到向阳的积极状态才能赢得青睐，脱颖而出。

第三节　面试技巧——向美力

一、向美力的含义

什么是向美力？是指由内及外、动静相宜的美言和美礼。每一场面试一定要精心准备和打扮，但又不能过于夸张或者痕迹太浓。打扮是对评委的尊重，但度要把握好，适合自己的才是最美的。

二、面试中的静态美——服饰

静态美即服饰上的美感。我们需要在不同场合搭配不同类型的服饰，服装风格与自我特点相匹配，不必随波逐流。

这里分享一个与美有关的小故事。

央视新生代主持人龙洋，堪称董卿的接班人，她是中国诗词大会第五季的主持人。有段时间，龙洋和撒贝宁一起主持云招聘会的时候爆料，当时自己大学毕业时参加江苏卫视复试，因为初试时她录制的主持样片非常出色，江苏卫视对她充满期待，而复试那天，她就随便穿了件T恤素颜去了。考官见到她，吓了一大跳，连问了三句："你就是龙洋吗？"就这样，她和江苏卫视擦肩而过。

请思考问题：龙洋与江苏卫视擦肩而过的原因是什么？

龙洋在面试中没有准备适合面试的服装，T恤不够正式。在不同场合需要搭配适合的服装，这一点非常重要。好形象必定是面试中的"加分项"。

那么，我们如何在着装上为自己的面试增加亮点呢？

（一）男士面试时的着装原则和禁忌

1.三色原则

穿西装的时候，包括上衣、裤子、领带、衬衫、鞋子、袜子在内，全身的颜色限制在三种之内（见图9-1）。

2.三一定律

穿西装、套装外出时，鞋子、腰带、公文包应为同一颜色，且首选黑色。

3.注意事项

西装一定要合肩合身，西装大一号才气派的想法和所有纽扣都扣上的做法是错误的；衬衫的领口一般要高出西服1～2厘米才算正规，脱下西装不能是短袖衬衫；双手垂下，袖长刚好到手掌虎口；袜子一定要穿棉袜，黑皮鞋不可配白袜子。

图9-1　男士着装

（二）女士面试时的着装原则和禁忌

女士面试时的着装要整洁、大方，以冷色和单色服饰为主。这里需要注意的是裙装（见图9-2）。

（1）长短要适度；妆容和服饰要谐调。

（2）避免浓妆和太亮眼的首饰。

（3）下半身不要穿勾丝、破洞丝袜；上身不要太露内衣。

（4）不要穿凉鞋、拖鞋。

图9-2　女士着装

三、面试中的动态美——礼仪

动态美即礼仪上的美感。美感体现在面试者的言谈和行为举止上，好的动态能很好地展示面试者的个性和礼仪，给考官展示成熟、从容不迫的优雅气质。

演讲 案例赏析 ❸4

面试考场礼仪

视频：面试考场礼仪

进场礼仪：走路不能摇摇晃晃，不能顺拐。应抬头挺胸，肩膀放平，双臂自然摆动。

问好礼仪：不能泄密，不能走路说话。应大方礼貌。

就座礼仪：不能交叉腿坐，不能随意抖腿，坐姿随意。

我们可以发现，动态美包括坐立行走等多处细节的礼仪美感。我们需要掌握美言、美语、美礼，才能给考官留下深刻印象。

（一）进场离场

进入考场前，轻轻敲三声门，听到考官说"请进"，再开门进去，转身时轻声随手关门。离场前鞠躬礼貌致谢，轻声关门离场。

（二）礼貌用语

进入考场之后，鞠躬后再礼貌问候；互动提问及全程考试中贯穿礼貌用语。

（三）坐立行走

坐如钟、站如松，眼神坚定、自信微笑。走路自然，动作幅度适中。注意不要大动作地移动桌椅，不要伴随抖腿、转笔等不良行为。

无论是服饰美感还是动态礼仪，都是面试成功的关键，让我们在言谈话语和行为举止间更加美好和美妙，面试更成功，人生更出彩。向美力即由内及外、动静相宜的能力，只有形象得体、举止优雅才能由内而外、由表及里地展示自己的面试魅力，从美丽出发，向世界寻找答案。

第四节　面试技巧——向善力

一、向善力的表现

在向善力中，"善"是善良、善心和善意。

演讲案例赏析**05**

面试现场情景

视频：面试
现场情景

（面试者在进门后俯身捡起办公室地上垃圾。）

考官：今天我见了四个会计师，你是唯一一个捡起地上文件的人。

面试者：习惯了，就算在自己家，也不能看着垃圾随便扔在地上啊。

考官：这就是视公司为家的意识，这个很重要，我要的就是这个。

面试者：我会保持的！

在生活的场景中，小的细节之处都是无形的考题，视频中这位女生的故事就是面试中向善力的最好表现。

二、提高向善力的方式

（一）积蓄向善力

学习可以提升个人素养，让自己变得丰富、率真、善良。央视主持人白岩松是我们熟悉的主持人，为什么他能成为中国有影响力的主持人之一？这跟他长年累月的读报积累是分不开的，他始终保持着每天看几十份的报纸、做剪报的习惯。

演讲案例赏析**06**

2019年白岩松在河南大学《人为什么要读书》演讲片段

视频：白岩
松演讲片段

白岩松：我经历过90年代所谓"读书无用论"这样一个概念。有的时候越不读书，反而越容易闯出来，因为它没有很多禁忌，所以就富了。可是，现在这个时代，我明确地告诉你，统计数据早已经显示，学历的高低跟收入的高低，现在是成正比，不是成反比的。

　　现在，如果你没有相当多的学历，没有相当多的智慧、技能，很难在这个社会上立足。现在进我们大学想当老师，没读博士很难吧？你说纯硕士就想留河南大学当老师已经很难了，所以现在很多方面都是这样。你去看看，我们现在各行各业，这个你刚才说的，"反其道而行之"，没学什么反而获得很大的收益，越来越少，但永远有这样的小概率，可是别拿小概率当常态。时代已经变了，时代正变成大概率的，就像我刚才说的学历高低跟收入高低成正比，当然我还有一句话等着它——不可替代跟收入成正比，不可替代性越强，收入越高。

　　白岩松演讲的视频给我们的启示是——读书是遇见自己。面试中的向善力是对考生思想的全面考核。

（二）塑造向善力

　　要想提高向善力，一定要学会利用好碎片化时间，充实自我。在各种面试中涉及的各类历史、民生等社会问题的时候，我们可以多看看相关视频，如纪录片、新闻联播等，提升我们的向善力。

演讲 案例赏析 07

2020年浙江卫视节目《中国共产党为什么能》第九季视频片段——长江三角生态文明研究中心主任沈满洪讲话

视频：《中国共产党为什么能》片段

　　沈满洪：习近平总书记曾经讲过一句话——关停矿山是一个高明之举，绿水青山和金山银山之间，生态环境保护和经济社会发展之间，是一个对立统一的关系，能够统一的时候，我们尽可能地兼顾两方面，但是统一不了的时候，我们要有所取舍，有所为有所不为。人类在认识绿水青山和金山银山的这一对关系的过程当中，经历了三个阶段，第一个阶段就是只要金山银山，不要绿水青山。第二个阶段就是，我们既要绿水青山，又要金山银山，但是在具体的实践当中，往往还是顾此失彼。那么第三个阶段就是做到了绿水青山就是金山银山，真正实现了绿水青山和金山银山之间的相互转化。那么面向未来，我们还是应该按照总书记所要求的，努力成为新时代全面展示中国特色社会主义制度优越性的窗口。这样的一个要求，以习近平生态文明思想作为指引，进一步来推动生态文明建设，深化"两山"理念的实践，真正使绿水青山转化成金山银山，使得我们生态文明建设的做法能够为世界提供一个借鉴，提供一个样本。

演讲 案例赏析 8

2020年9月24日《新闻联播》片段

视频：《新闻联播》片段

主持人： 今天出版的人民日报发表评论员文章，题目是《努力培养担当民族复兴大任的时代新人——论学习贯彻习近平总书记在教育文化卫生体育领域专家代表座谈会上重要讲话》

看《新闻联播》是一种提升向善力的好方式。真正的大企业家每日必看《新闻联播》。解读好《新闻联播》，能让我们的生活更有方向。

利用碎片化时间，关注时事热点，提升综合素质，让我们的向善力扎根于心。"两耳不闻窗外事，一心只读圣贤书"的时代已经远去，我们不妨转变学习方式，化被动为主动，在有限的时间内通过不同权威渠道聚焦天下事，扩大自己的知识面。不断积累知识，才能让向善力在思考力、逻辑力、感受力中逐一显现。

✎ 练习

如果公务员面试中的考官互动提问"你对公务员成为杂家和专家怎么看？"你该如何回答？

我们可以回答："公务员的职责是为人民服务，我赞同对于杂家与专家的这个要求和标准。因为这样可以更全面、系统地为群众服务，杂家是多面手，这也适应了环境的要求，是个人能力的展现。"

专家也好，杂家也好，是一种向善力，是一种善心，是对职业的热爱程度的体现。我们说公务员应该成为自身岗位当中的专家，然后再尽其所能来成为一个杂家，成为一专多能之人才。

善既有先天的基因，更有后天的涵养，通过学习提升向善力，我们能在面试中发扬"善心"，秉持"善念"，修成"善果"。

第五节　面试技巧——向心力

一、向心力的含义

分享一个小故事。邵逸夫医院的ICU专科护士梁寅将代表"5.12浙江省表彰大会"的五个代表之一做发言。作为一名从未上过台、从未在公开场合发言的演讲"小白"，参加第一次演讲辅导时，他的声音一直在颤抖。他将如何缓解紧张感呢？首先，用深呼吸的方法来缓解紧张心理；其次，用换气的方法来缓解压力；最后，用逐层分析、逐层练习的方式克服内心的障碍来展现故事。通过针对性指导和他的刻苦练习，2020年5月12日表彰大会上，梁寅表现非常出色，很多听众现场都哭了。他自己也特别高兴，事后他说："最大的体会就是内心淡定了，演讲就没那么紧张了。"

演讲 案例赏析 09

2020年梁寅参加浙江省5.12护士节表彰大会后接受浙江卫视采访片段

视频：梁寅
采访片段

旁白：来自邵逸夫医院ICU专科护士梁寅是全省4000名男护士的代表，他和战友们在抵达荆门24小时内，建成了当地首个新冠ICU病房，以专业驱散病魔，以责任托起希望，以爱温暖生命，是他们在这场45天荆门战役中的真实写照。

梁寅：这次疫情（让）自己得到了很多的成长历练，我觉得作为医护人员就是天性、就是本职工作，既然国家有难，我们有这份力量、有这份担当必须要去出这份力。

我们如何理解向心力？

向心力应该是面试中的一种综合能力，内"心"需要镇定，要克服紧张，展现出自己的自信心，自信则来源于演讲者的胸有成竹。取决一场面试是否成功的关键就是有无向心力，向心力是向阳力、向美力、向善力的基础和核心。其中，"心"是指演讲者的心理素质、管理情绪的能力、内心的抗压力和专注力。不乱于心、心无杂念，演讲、比赛、竞选、面试都是同一个道理，就是考验演讲者的心力。

二、提升向心力

紧张、不自信源于自己太过追求完美，过于纠结。我们一定要及时地调整好自己的心态，降低心理预期，用自己的话进行表达，有自己的风格和特点，这样才能达到自然且接地气的效果。

很多演讲者相对比较内向，较少在众人面前发言。要想克服这个问题就需要平时做一些心理突破和脱敏训练，简单来说就是让自己做一些平时不敢做的事情。比如五音不全，从来不在其他人面前唱歌的人，就可以逼自己在公众场合唱歌。如果能坚持下来，就会发现自己心里的一些防线被突破了，会比之前更放得开了。多进行类似的练习，相信未来一定可以克服心里的不自信。

演讲 案例赏析 10

2018年《我是演说家》第四季北大博士王帆《厉害了我的国》演讲片段

视频：王帆
演讲片段

王帆：我们今天的主题是：厉害了我的国。我刚刚一直在台口，在听所有演讲者的演讲，听完之后，我特别想在这个主题之后加上一个字：人——厉害了我的国人。我很佩服每一位演讲者，在我心里，国家是一个很宏大的精神家园，同时也可以通过那些细心的、可以触碰的个体去感知他们。

大家听了很久的演讲都有点累了，我们来活动一下。我想请问一下，在场的有多少文科生？我也是文科生。那现在大家想象一下，如果你考上了北大，但是进入到北大之后被要求转系，转到物理系，从此学理，你愿意吗？有一位同学，考上清华大学历史系之后，自己就要求改学物理，要转系。但是，他当时考清华的时候，历史和语文都是满分，物理只有5分，所以说这个人如果他继续学文可能大有前途，但是如果学理的话，学砸了，可能清华都白考了。大家就想问，他怎么就这么想不开呢？为什么呢？那是在1931年，在他进入到清华大学的第二天，就爆发了"九一八"事变，国难当头，他拍案而起说："我要学做飞机大炮。"但是转系也不那么简单，物理系的系主任并不同意他转系，所以他就求爷爷告奶奶，苦磨硬泡，最终给自己争取了一个在物理系试读一年的机会，结果这个人就变成了中国第一个力学系的缔造者——钱伟长。他说，"祖国的需要就是我的专业"。

通过学习本节内容，我们对面试艺术的向心力有了认识，向心力是向阳力、向美力、向善力的基础和核心。造成紧张、"心"力不足的原因是内心混乱、有杂念、很在意别人的看法等因素形成的。其实这些都不重要，培养专注的心力，一直演练，就能从根本上解决这个问题。"业精于勤荒于嬉"，只有做到内化于心，才能外化于行。

这里做一个总结，践行"四力"要做到以下四点：

（1）状态上要有向阳力，保持阳光积极的状态；

（2）形象上要有向美力，形象得体、举止优雅；

（3）表达上要有向善力，日积月累提升内在修养；

（4）心理上要有向心力，管理好情绪，克服紧张，内化于心，外化于行。

面试技能有了"四力"保障，我们在未来面试中就能有更好的发挥。

第六节　面试技巧——表现力

一、面试应答原则

面试的过程中，面试官会通过一系列问题来进一步了解我们。在回答提问的过程中，有哪些技巧可以为我们的面试加分？

演讲案例赏析**11**

2017年电视剧《猎场》第十三集主人公郑秋冬面试片段

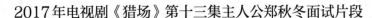

视频：《猎场》面试片段

面试官： 欢迎您来参加新锦程咨询机构的面试，请用英语或者法语谈谈你对银行金融理财业务的理解。

面试者： OK. Today, banking financial products refer to deposits, funds, bonds, insurance and others. With the increase of people's income, the concept of financial management is being accepted by more and more people.（银行业金融产品指的是存款、基金、债券、保险等，随着人们收入的增加，理财理念越来越被接受。）

请思考问题：对比自己之前的面试经历，视频中的应试者哪些表现值得学习？

视频中，面试者的回答大方自信、对答如流，而且准备得非常充分，用惊艳的表现征服了面试官，可以说是教科书级的面试范本。面对提问不慌不忙，在交流中把握主动权，表现出了应有的水平。

表现力是指个人潜能的凸显。在面试中，我们要将自己最好的一面展现出来。提问是面试官考察我们的主要手段，我们先要了解面试问答原则，即有问必答原则。对于面试官的问题，虽然刁钻，但可能是测试应试者的应对技巧、反应能力，应试者不管反应能力如何，总得有一个答案，切记不要直接拒绝回答，或者说"这个问题很难回答……"，更不要答非所问。

二、面试应答策略

如何提高自己的面试表现力，让自己在众多面试者中脱颖而出？

（一）面试问答的策略——"大题小做"

考官有时会问一些"很大"的题目，我们必须"小"做。那么，什么是"大"题目"小"做的技巧呢？以"说说你自己"为例，"小"在与应聘岗位相关的知识、经验、技能方面即可，必须有意识地把话题拉到我们的能力、性格、优点、学识、经验等方面来，不能错过这样的好机会。

例如，面试官问："为什么要来这里应聘？"我们可以回答："大学中我曾参与环保组织的项目策划工作，带领团队完成了环保任务，得到了很好的反响。有了类似的经历以及对于这份工作的热爱与经验，我相信自己可以胜任这份工作。"以细节展开，既讲述了自己的校园经历，说明自己可以胜任的原因，也回答了面试官的问题。

（二）面试问答的策略——"侧面回答"

面试的第二个技巧是"侧面回答"。在回答提问时，考官会正面出击，但是有些问题正面回答等于否定自己。例如，面试官问："你有没有工作经验？"作为应届毕业生，诚实地回答，答案只能是"没有"。但换一种思路，我们可以这样说："我虽然没有工作经验，但是我在校期间学习了本专业的实践课程，并且利用寒暑假参加过社会实践，得到了很多锻炼。"这样，就把否定回答变为肯定回答，变被动为主动。

总体来说，面试时需要掌握有问必答的原则与"大题小做"与"侧面回答"的问答技巧，学会在一问一答中掌握节奏，学会突出自己的优点，扬长避短，用更饱满的状态应对考官的问题。

第七节　面试技巧——沟通力

在面试中，沟通必不可少，在沟通时，我们往往不单单靠语言实现信息的传递，而且会通过各种表情及手势达到表达自己的目的。因此，面试中的沟通力可以分为语言的沟通、表情的沟通、姿态的沟通。

一、面试中语言的沟通

沟通是一门基本技能。出类拔萃的人往往具有较高水平的沟通力。

演讲 案例赏析 **012**

2017年电视剧《猎场》第六集主人公郑秋冬面试片段

视频:《猎场》
面试片段

面试官：刚才这发生的一幕你看见了吗？

面试者：看见了，但我不知道里面发生了什么。

面试官：好，现在就凭你看见的场面，请你给我们推断一下，这发生了什么事？

面试者：我推断，刚才的这位候选人，或许是在回答问题的时候遇到了意外的刺激，这个刺激可能不大，但是恰巧挫伤了他的自尊心。他应该是一个对自己的样貌很有自信的人，在日常生活中，可能经常会受到异性甚至是同性的追捧或是骚扰。他养成了初次见面就被对方接受的习惯，接受对方赞扬的习惯。刚才考官的问题一定是忤逆了他的习惯，让他意外失去自信感到失落，导致他做出了过激的自保反应，也就是大声指责和夸张的肢体动作，以此来给自己来找到台阶获取心理上的优势，用自以为体面的方式离开事发地点。

面试官：为什么一直没用自恋这个词？

面试者：同为候选人，我不想选用带有色彩的词语来描述他。

"同为面试者，我不想用自恋这样的带有色彩的词语来描述他。"在面试的沟通中，有很多这样说话的语言艺术。

语言沟通是一切沟通中的重中之重，也是让沟通成功的最重要的手段。一段好的语言沟通可以使谈话气氛变得融洽，从而达到理想的沟通效果。

语言的沟通包括音高、音强。音高即说话声音的高低，是一个人自信心的最直接体现。声音过小或过大都不合适，一般来讲，面试中我们可以参照面试官的语音并略微低于面试官即可。

音强是指声音的强弱，它能反映一个人说话的气场。我们说的"中气十足"就是指"音强"。我们可以通过练习气息来增强声音的强弱，提升说话底气。

二、面试中的表情与姿态沟通

表情的沟通对于面试的成败也起到关键作用。面试中表情的沟通主要包括眼神、眉宇动作和嘴的变化。眼神在面对面的沟通中极为重要，面试官会在眼神中体察出候选人很多细微的心理变化。因此在面试中一定要平视对方，视线的落点一定要在对方嘴唇以上至鼻梁的三角区域，不能死死盯住对方的眼睛，这样会让对方很不舒服，但在希望得到或给予认可时要注意和对方要有短暂的眼神交流，一般控制在2秒以内。（见图9-3）

图9-3 面试姿态与表情

✏ **思考与练习**

1.试着谈谈自己印象最深的一次面试。

2.尝试将本章中的面试技巧应用到面试中去，看看效果如何。

参考文献

[1] 奥苏伯尔等.教育心理学：认知观点．佘星南，宋钧，译．北京：人民教育出版社，
   1994.

[2] 陈萍.试论演讲语言节奏.青海师范大学学报（哲学社会科学版），2005（2）：123-126.

[3] 陈佑清，吴琼．为促进学生探究而讲授———大学研究性教学中的课堂讲授变革．高
   等教育研究，2011（10）：94-99.

[4] 丛立新．讲授法的合理与合法．教育研究，2008（7）：64-72.

[5] 崔林.演说节目的文化价值.青年记者，2018（31）：1.

[6] 高屹.项目经理如何提升自己的演讲技巧.项目管理评论，2017（3）：86-88.

[7] 广播影视业务教育培训丛书编写组.广播电视播音主持业务.北京：中国国际广播出版
   社，2018.

[8] 胡曼君.传播学视角下公共演讲策略的有效运用.考试与评价（大学英语教研版），2019
   （5）：8-11.

[9] 克里斯·安德森.演讲的力量．蒋贤萍，译．北京：中信出版社，2016：序Ⅴ.

[10] 梁显雁.即兴演讲能力培养策略.传播力研究，2020（9）：141-142.

[11] 梁亚宁.受众反馈机制研究.新闻战线，2015（17）：121-122.

[12] 林崇德.思维心理学研究的几点回顾.北京师范大学学报（社会科学版），2006（5）：
   35-42.

[13] 刘建明．宣传舆论学大辞典.北京：经济日报出版社，1993.

[14] 卢卡斯，殷苏娅.演讲的艺术教师用书：第十版（中国版）．北京：外语教学与研究出
   版社，2011.

[15] 罗坚，邱涤纯.英语演讲与辩论中批判性思维能力的培养.海外英语，2012（5）：
   250-251.

[16] 琼·戴兹.成功演讲技巧.冯丁妮，马军，冯速，译.海口：海南出版社，2008.

[17] 任速雁，王永利.开创"四新"局面　实现三个"提升"——央视财经频道改版成效
   分析.电视研究，2019（12）：24-27.

[18] 谭君强.叙事学导论.北京：高等教育出版社，2008.

[19] 王永红，翟雅丽.例谈掌控听众心理的演讲策略.文学教育（下），2015（9）：52-54.

[20] 魏鲁一.面试中的沟通技巧.科技信息，2008（30）：46.

[21] 许学燕.英语辩论中批判性思维能力有效培养.校园英语，2018（7）：232.

[22] 查乐宏.公众演说紧张心理的原因分析及调节策略.现代交际，2018（12）：97-99.

[23] 张潜.克服TED演讲中紧张情绪的方法研究.湖南邮电职业技术学院学报，2018（4）：87-89.

[24] 张颂.中国播音学.2版.北京：中国传媒大学出版社，2003.

[25] 赵新利."中国梦"的故事化传播.青年记者，2013（13）：46-47.

[26] 中共中央马克思恩格斯列宁斯大林著作编译局.马克思恩格斯文集：第1卷.北京：人民出版社，2009.

[27] 中国大百科全书出版社编辑部.中国大百科全书：教育.北京：中国大百科全书出版社，1985.

[28] 朱强.公共演讲的传播艺术.北京：中国广播电视出版社，2012.

[29] 朱庆和.打开语言的闸门 推开心灵的窗户——演讲技巧之语言艺术篇.写作，2009（1）：28.

附 录

一、演讲小贴士：条理性技巧

（一）注意讲话的次序

按照次序讲话，就会产生条理性。次序有时间、地点、方位、流程、发展、历史、结构、因果关系等方面。

（二）学会分类表述

按事物或事件内容的所属性质进行分类演讲。按类别去演讲，同样可以让讲话内容非常具有条理性。

比如，谈对深圳的印象，可以分类来谈。

按区域来分，我对深圳南山区是什么印象，福田区是什么印象，宝安区是什么印象，等等。

按环境来分，我对深圳的气候是什么样的印象，对深圳的绿化是什么样的印象，对深圳的人是什么样的印象，等等。

按发展来分，我对深圳经济方面是什么印象，对深圳的文化是什么印象，对深圳的城市建设是什么印象，等等。

（三）运用数字来表达

运用数字"1、2、3"或是"第一、第二、第三"等来表达，这样更加一目了然，给别人的感觉就显得非常具体条理性。

甚至有时讲话的内容并不具备层次感，但只要我们加上了数字来表达，别人听起来就觉得非常有条理。这是一种似是而非的技巧，效果非常显著。

二、建立自信的方法

（一）重新评估过去

我们如何看待自己，以及对自己优缺点的评估，是构成自信心最重要的支柱。这是一个非常主观的评估，和别人怎么看我们关系不大。

一个人对自己的评价主要来自家庭教育，特别是父母所灌输的期待。父母望子成龙、望女成凤，子女成不了龙、成不了凤就会极度挫败，进而全盘否定自己的价值，这样的现象在我们身边很多。我们无法改变父母，但可以改变自我评价的模式和标准。

在面对自己过去的时候，在不自欺欺人的前提下，如果我们善于用不同视角发现某个缺点带来的积极价值，使用新的信息对其进行二次解读，这将是我们在自卑的沙漠上建立起希望绿洲的关键性一步。

（二）建立底层安全感

凡是那些通过努力和行动让我们觉得"自己有用"的事件，都能帮助我们建立底层安全感。

不断积累的"小成就"会改变一个人的自我评价，当有一天"小成就"发展成一项技能，甚至才能的时候，人的自信心就会自然显露。

三、22条演讲经验

（1）演讲的前一晚必须睡眠充足，使喉咙获得良好的休息。

（2）穿着合宜得体的服装。

（3）在演讲前，如果有机会与听众打成一片，应该把握住，与听众握握手，对他们微笑，或打个招呼。

（4）心理上、情绪上、精神上保持放松。预先假设可能发生的事，但不要被它困扰。

（5）在讲台上，要轻松自然地站好。

（6）最应该注意的当然是演讲的内容。在做引言时，应先将重点主题陈述出来，然后在主文中，将主题一一剖析，并且赋予新的观点。试着多讲一些辞藻丰富的话。可能的话，最好掺入一点幽默的字眼(千万不能使听众觉得无聊)。注意强调重点，戏剧性地把它们说出来，随后降低声音，再安静下来。

（7）准备周全的题材，并且做充分的预备和练习。

（8）演讲前不要进食。乳制品尤应禁止，因为它可能使你的喉咙充满黏液。

（9）演讲前对自己说："你很棒!"

（10）上台前做几次张大嘴巴的动作，大笑也可以，这样你的下颚会变得柔韧舒服。

（11）要开始说话时，保持微笑环视所有听众，然后做一次深呼吸。

（12）头几句要轻松一点，引领听众不禁发笑。

（13）在听众人群中找一两张快乐友善的脸，经常望望他们，这会令你觉得自己被重视。

（14）仔细听一听麦克风传来的自己的声音，以确定自己的嘴巴是应靠麦克风近一点，还是远一些。

（15）多用一些肢体语言，借此帮助你吸引听众的注意。

（16）手边放一杯冰水，喉咙干燥时就啜一口。

（17）演讲不是单纯的表演。演讲整个过程，纵然是有"演"的成分在内，但绝对不是演戏，一定要把自己的思想感情，融入整个演讲过程中，要将自己纳入到自己的演讲词中，把自己声音高低、手足举动、面部表情都带上自己的思想，要把这些结合到你的演讲内容中去，要用真实的感情去引发台下听众的共鸣，要用真实的语言和声音打动人。

（18）演讲不是单纯的照本宣科。演讲之前，还拿着演讲稿在那里温习，到了演讲来临，时不时还要对着演讲稿看上一两眼，这种演讲，充其量算是讲课，按着正常的讲义去授业解惑当然可以，但不足以打动人。真正的演讲一定是脱稿的，是与环境相融合的，一定是与听众的思想情绪交融在一起的，所以好的演讲，绝不可以依赖讲稿。

（19）演讲是一门综合艺术。演讲是一件相对复杂的事情。每一次成功的演讲，都是将相关门类的艺术气质相结合的产物，是演讲者综合能力的一次展现。演讲结果的好坏，取决于演讲者对现场环境、自身气质的一次完美结合。

（20）演讲不是声嘶力竭的吼叫。要将自己的意图传递给听者，不是单靠喊叫可以实现的。不能把自己的内容通过比较小的声音就传递给受众的演讲者，这绝对不是一个好的演讲者。你的内容是不是打动人，不在于声调的高低。

（21）好的演讲是一部有节奏的交响曲。好的演讲一定有曲折的故事在内，一定要有丰富的内容用来感染人、打动人、吸引人，有低谷、有高潮，有起伏、有涨落，有明亮部、有灰暗部，有让人兴高采烈的部分、有让人黯然神伤的小节，有回环往复、有反复咏叹。

（22）要有好的腹稿。真正的演讲，一定是在内心里将演讲稿内化到自己的情绪中去，每一句声腔的拿捏，每一句语句的短长，都事先在脑海里纯熟掌握。到了临场，精致地展现给听众，能在整个演讲中将腹稿的内容完整转化成现场的演绎。

四、关于演讲比赛的小技巧

演讲比赛，首先应该有一种坚韧的毅力和不达目的不罢休的顽强信念，然后应该掌握以下几方面的技巧。

（一）讲法

演讲是练习普通话的好机会，特别要注意"字正腔圆"，断句、断词要准确，还要注意整篇讲来有抑有扬，不要像和尚念经那样低声絮语，也不要像机关枪扫射般咄咄逼人，要有快有慢，有张有弛。一般来说，升调传达着激昂的情绪，如兴奋、愤怒、谴责、疑问等；降调则表达灰暗的情绪，如悔恨、伤心、失望和郁闷等。

（二）表情

演讲时的脸部表情无论好坏都会带给听众极其深刻的印象。演讲的内容即使再精彩，如果表情总是缺乏自信、畏畏缩缩，演讲就很容易变得欠缺说服力。

控制脸部表情的方法，一个是"不可垂头"。人一旦"垂头"就会有"丧气"之感，而且演讲者的眼神要能"拢"住全体观众，不可瞪天看地，或盯住台下一隅，而要随时保持微笑，自然地平直向前，达到最后一排观众为止，这样既显得自然，也不会让自己紧张。另一个方法是"缓慢说话"。说话速度一旦缓慢，情绪即可稳定，脸部表情也得以放松，全身上下也能够为之从容自在起来。再者，目光要照顾到台下两边的观众，以加强演讲者和观众的感情交流。

（三）站位

演讲者应摆出方便演讲的"轻松的姿势"。诀窍之一是张开双脚与肩同宽，脚跟应靠近，挺稳整个身躯，切忌双脚分立，那样显得粗俗松垮。另一个诀窍是想办法扩散并减轻施加在身体上的紧张情绪。例如，将一只手稍微插入口袋中，或者手触桌边、手握麦克风等。

（四）手势

人在演讲中使用最多、动作最大的要算手势了。在使用手势时要注意三点：胳膊不要伸得过直，以免僵板；手指不宜弯曲，以免拙笨；手势运用要和它所配合的那句话同始同终，以免分裂。

只要认真锻炼，持之以恒，相信你会取得好的成绩。

五、演讲的发音技巧

（一）正确的呼吸

我们时常发现，有的演讲者虽不乏新颖的内容、充沛的感情、适当的肢体语言，但演讲时间不长，声音就嘶哑了，不得已，只好把力量集中在喉头上，结果声带压力更大，最后变成了声嘶力竭的叫喊，大大地削弱了演讲的感染力。

充足、稳定的气息是发音的基础。有了充足、稳定的气息，才能发出响亮持久的声音，而这离不开正确的呼吸。

（二）恰当的语气

语气包含的内容是多方面的。当听众指出演讲者语气不对时，可能是指用词不当、句法欠妥；也可能是指态度不对、感情失真；还可能是指声音不合、气息失调。

这三方面，在有声语言中是互相制约、相辅相成的。其中尤以声音气息状态为重要环节。演讲者的思想感情要通过有声语言、声音气息表达出来。不同的声音气息可以表达出不同的思想感情。

（三）语气的情感色彩

所有思想感情的表达，都不会是孤立的。在演讲过程中，语气的感情色彩经常是交错出现或结伴同行的，永远不会是单一的。不过，在综合运用中，又有主次之分，主要的感情造成主要的色彩，主次之间有交替、有重叠。

（四）规范的发音

演讲应说普通话。演讲应该力求发音正确、规范，纠正错误读音的最好办法是经常查工具书。

（五）良好的共鸣

演讲时，声带受气息的冲击而发出的声音音量很小，也不优美，这就要靠共鸣去扩大音量和美化音色。共鸣器官人人都有，但不是人人都会运用它、控制它，因此就需要通过训练，加强共鸣，使声音变得洪亮、圆润，传达得更远，更能蕴含感情。

（六）多留意自己说话的声音

演讲和谈话一样，一旦你和对方的谈话已经开始，那么在言语交谈中，最好分出一部分精神来留心你的声音。

"我说话是不是太快了？"说话的目的在于使人全部明了，如果话说得太快，别人听不清楚，听不懂，就是白费口舌。

"我说话的声音是不是太响了？"试想在宁静的黄昏树下谈心，或在温暖的炉边围炉叙旧，高声谈话是何等煞风景啊。若在客厅里，过高的声音会使主人嫌恶；若在公众场合，更会使你的同伴感到难堪。你说话时要记着，对方并不是耳聋。

（七）说话要抑扬顿挫

除了不能太快和太响，谈话中每句话的声调还应有高有低、有快有慢、抑扬顿挫，这是获得听众的一个秘诀。在乐曲里，有极快、略快、慢、略慢、最慢等快慢符号；也有极强、强、弱、渐弱等强弱符号。若想使你的话如同音乐一般动听，不可忘记应快时要快，应高时要高，应慢时要慢，应低沉时要低沉。毫无抑扬顿挫地说话，是最易使听者疲倦的。

六、即兴演讲的技巧

进行即兴演讲需要具备多方面的知识素养，如敏捷的思维能力、快速的语言表达能力和应变能力。

（一）演讲前准备技巧

1.知识素养准备

演讲者的知识积累、兴趣爱好、阅历修养与演讲的成功有着紧密的关系。"巧妇难为无米之炊"，许多演讲者感到演讲的最大困难在于没有演讲材料。这就要求我们平时做有心人，"家事、国事、天下事、事事关心"，广泛地阅读、收集、积累材料。上下、古今、中外的人文科学、自然科学都要学习，同时加强自我的思想、道德、情感等各方面的修养。这是一个长期、琐碎而复杂的工作。

2.临场观察准备

演讲者要尽快观察、熟悉演讲现场，及时收集捕捉现场的所见所闻，包括现场环境（时间、地点、场景布置）、听众、其他演讲者的演讲等，以确定自己的话题，增加演讲的即兴因素。

3.心理素质准备

既然是有感而发，就要有稳定的情绪、十足的信心和必胜的信念，这样才能保证思路通畅、言之有物、情绪饱满、镇定从容。

（二）快速思维技巧

临场性决定了即兴演讲者必须具有较强的快速思维能力。快速思维即快速组织内部语言，实际上就是一个快速创作、打腹稿的过程。其技巧主要表现为：三"定"、四"思"、五"借"。

1.三"定"

（1）定话题——应选择你想说的、观众想听的、你能讲的、社会生活需要的话题。

（2）定观点——应确立明确精练、正确深刻、为大家所能接受、言之有理的观点。

（3）定框架——两种模式：①开门见山式，也叫金字塔式。方法为先亮出主题，然后对主题作较详细地论证和分析说明。②倒金字塔式。方法为先举例一二三，通过案例总结出一个主旨要点，再说理由，进行论证分析。

2.四"思"

（1）逆向思维：指从相反方向思考问题，即一反传统看法，提出与之相对的观点。这是一种反弹琵琶式的思维模式，它鲜明地表现出对传统的批判精神，但要注意观点必须持之有据，能够自圆其说。

（2）纵深思维：从一般人认为的不值一谈的小事，或无须作进一步探讨的定论中，发现更深一层的被现象掩盖着的事物本质，即"透过现象看本质"。

（3）发散思维：是从同一问题中产生各种各样的为数众多的答案，在处理问题中寻找多种多样的正确途径。多端、灵活、精细、新颖是它的特点。

（4）综合思维训练：是前面三种思维的综合运用。事实上我们在思考问题时，一般情况都是将各种思维综合在一起使用的。

3.五"借"

借题发挥、借人发挥、借物发挥、借事发挥、借景发挥。"借"的东西很多，"五借"是泛指。它要求演讲者要善于观察现场，获取信息。

4.快速思维的路线

观察——抓话题——定语点——扩展语点（组织语言）——语序的排列——表达。

（三）表达技巧（四种技能、五个注重）

1.四种表达技能

（1）散点连缀。在即兴演讲前紧张的选材构思时，人的头脑中会出现很多散乱的思维点，演讲时要捕捉住这些思维点，从这些点的关系中确定一个中心，并用它连缀这些点，将与主题无关的全部舍去，当表达网络形成后，就可以开始讲话了。

（2）模式构思。用我们前面"定框架"所讲的两种模式作框架，使自己的表达有条理。

（3）扩句成篇。即开门见山的构思方法。但也要将思维的路线理清，注意逻辑明晰。

例如：句子"当前的形势需要像徐洪刚那样的英雄人物"扩展后可以是这样的。

当前的形势需要像徐洪刚那样的英雄人物，需要大力提倡革命英雄主义。改革开放是前无古人的事业，有困难，有曲折，也有风险，没有超人的勇气是进行不下去的。同大自然的斗争也不会一帆风顺，在自然中有许多我们未知的东西，凶恶难料，有险阻、有困难，因而也就有流血、有牺牲。例如，外空探险，可能有去无回；海底探秘，可能葬身鱼腹。开山放炮、地下采煤、高空作业、科学实验、机械操作等，无不带有一定的危险，没有革命英雄主义，没有勇于献身的精神，是根本做不好的。更何况改革开放，难免会泥沙俱下，造成某些腐朽的东西有所抬头，国内外邪恶势力和敌对势力正在虎视眈眈伺机而动，这样就更需要我们像徐洪刚那样敢于在关键时刻挺身而出，随时准备为保卫改革开放的成果而英勇献身。所以在改革开放形势下，在向"四化"进军的征程中，不是不需要革命英雄主义，不是不需要徐洪刚那样的英雄人物，而是更加急需；不是没有表现的机会，而是有了更广阔的天地。

（4）借X发挥。即前面讲的"五借"。"借"了之后要扩充成句成篇。

2.五个注重

（1）注重开头，引人入胜；注重结尾，耐人寻味。

（2）注重内容，言之有物，机敏幽默，蕴含深刻。

（3）注重语言形式，以口语短句为主，巧用比喻、排比、设问、反问、引用、反复等修辞手法；注意过渡词、句、段的使用，加强衔接；防止语言陋习，不用粗话、碎屑语和方言。

（4）注重语调有激情，把握好语调的抑扬起伏。

（5）注重演讲者的形象，防止不良陋习。

七、演讲可以用到的小故事【1】——断箭

不相信自己的意志，永远也做不成将军。

春秋战国时代，一位父亲和他的儿子出征打战。父亲已做了将军，儿子还只是马前

卒。又一阵号角吹响，战鼓雷鸣，父亲庄严地托起一个箭囊，其中插着一支箭。父亲郑重对儿子说："这是家传宝箭，带在身边，力量无穷，但千万不可抽出来。"那是一个极其精美的箭囊，厚牛皮打制，镶着幽幽泛光的铜边儿。再看露出的箭尾，一眼便能认定用了上等的孔雀羽毛制作。儿子喜上眉梢，兴奋地推想箭杆、箭头的模样，耳旁仿佛嗖嗖地箭声掠过，敌方的主帅应声落马而毙。果然，佩带宝箭的儿子英勇非凡，所向披靡。当鸣金收兵时，儿子再也禁不住得胜的豪气，完全背弃了父亲的叮嘱，强烈的欲望驱赶着他呼一声就拔出宝箭，试图看个究竟。骤然间他惊呆了。一支断箭，箭囊里装着一支折断的箭。"我一直带着一支断箭打仗呢！"儿子吓出了一身冷汗，仿佛顷刻间失去支柱的房子，意志轰然坍塌了。结果不言自明，儿子惨死于乱军之中。拂开蒙蒙的硝烟，父亲捡起那支断箭，沉重地啐一口道："不相信自己的意志，永远也做不成将军。"

　　把胜败寄托在一支宝箭上，多么愚蠢，而当一个人把生命的核心与把柄交给别人，又多么危险！比如把希望寄托在儿女身上，把幸福寄托在丈夫身上，把生活保障寄托在单位上……

　　小提示：自己才是一支箭，若要它坚韧，若要它锋利，若要它百步穿杨、百发百中，磨砺它、拯救它的都只能是自己。

八、演讲可以用到的小故事【2】——卑微的伟人

　　一位父亲带着儿子去参观梵高故居，在看过那张小木床及裂了口的皮鞋之后，儿子问父亲："梵高不是一位百万富翁吗？"父亲回答："梵高是位连妻子都没娶上的穷人。"

　　又过了一年，父亲又带儿子去了丹麦，到安徒生的故居去参观，儿子又困惑地问："爸爸，安徒生不是生活在皇宫里吗？怎么他生前会在这栋阁楼里？"父亲回答："安徒生是位鞋匠的儿子，他就生活在这里。"

　　这位父亲是一个水手，他每年往来于大西洋的各个港口。他儿子叫伊东布拉格，是世界上第一位获普利策奖的黑人记者。

　　二十年后，伊东布拉格在回忆童年时说："那时我们家除了很穷以外，还是黑人，父母都靠卖苦力为生。有很长一段时间，我一直认为像我们这样地位卑微的黑人是不可能有什么出息的。是父亲让我认识了梵高和安徒生，也是父亲让我认识到了黑人并不卑微。"

　　小提示：富有者并不一定伟大，贫穷者也并不一定卑微。自卑是心灵的钉子，若不拔去，它就总是折磨人。

九、演讲可以用到的小故事【3】——善待对手

　　动物园最近从国外引进了一只极其凶悍的美洲豹供人观赏。为了更好地招待这位远方

来的贵客，动物园的管理员们每天为它准备了精美的饭食，并且特意开辟了一个不小的场地供它活动和游玩。然而它始终闷闷不乐，整天无精打采。

也许是刚到异乡，有点想家吧?谁知过了两个多月，美洲豹还是老样子，甚至连饭菜都不想吃了。

眼看着它就要不行了，园长惊慌了，连忙请来兽医多方诊治，检查结果又无甚大病。万般无奈之下，有人提议:不如在草地上放几只美洲虎，或许有些希望。

原来人们无意间发现，每当有虎经过时，美洲豹总会站起来怒目相向，严阵以待。

果不其然，栖息之所有了美洲虎的加入，美洲豹立刻变得活跃警惕起来，又恢复了昔日的威风。

小提示:人生中只有有了对手，才会时刻激励我们保持旺盛的斗志，不断去挖掘自身的潜力。善待你的对手吧，因为他的存在就像是一针强心剂;感谢你的对手吧，因为他会使你成为一只威风凛凛的"美洲豹"。

十、演讲可以用到的小故事【4】——碎罐

过去，有一个人提着一个非常精美的罐子赶路，走着走着，一不小心，"啪"的一声，罐子摔在路边一块大石头上，顿时成了碎片。路人见了，唏嘘不已，都为这么精美的罐子成了碎片而惋惜。可是那个摔破罐子的人，却像没这么回事一样，头也不扭一下，看都不看那罐子一眼，照旧赶他的路。

这时过路的人都很吃惊，为什么此人如此洒脱? 多么精美的罐子啊，摔碎了多么可惜呀!甚至有人还怀疑此人的神经是否正常。

事后，有人问这个人为什么要这样?

这人说:"已经摔碎了的罐子，何必再去留恋呢? "

小提示:洒脱是一种摆脱了失去和痛苦的超级享受。失去了就是失去了，何必还要空留恋呢? 如果留恋有用，还要继续努力干什么呢?

十一、演讲可以用到的小故事【5】——一面镜子

一个年轻人正值人生巅峰时却被查出患了白血病，无边无际的绝望一下子笼罩了他的心，他觉得生活已经没有任何意义了，拒绝接受任何治疗。

一个深秋的午后，他从医院里逃出来，漫无目的地在街上游荡。忽然，一阵略带嘶哑又异常豪迈的乐曲吸引了他。不远处，一位双目失明的老人正把弄着一件磨得发亮的乐器，向着寥落的人流动情地弹奏着。还有一点引人注目的是，盲人的怀中挂着一面镜子!

年轻人好奇地上前，趁盲人一曲弹奏完毕时问道:"对不起，打扰了，请问这镜子是

你的吗？"

"是的，我的乐器和镜子是我的两件宝贝！音乐是世界上最美好的东西，我常常靠这个自娱自乐，可以感到生活是多么的美好……"

"可这面镜子对你有什么意义呢？"他迫不及待地问。

盲人微微一笑，说："我希望有一天出现奇迹，并且也相信有朝一日我能用这面镜子看见自己的脸，因此不管到哪儿，不管什么时候我都带着它。"

白血病患者的心一下子被震撼了："一个盲人尚且如此热爱生活，而我……"他突然彻悟了，又坦然地回到医院接受治疗，尽管每次化疗他都会感受到死去活来的痛楚，但从那以后他再也没有逃跑过。

他坚强地忍受痛苦的治疗，终于出现了奇迹，他恢复了健康。从此，他也拥有了人生中弥足珍贵的两件宝贝：积极乐观的心态和屹立不倒的信念。

小提示：想把握好自己的人生和命运的人，一定要有乐观和坚强的品质，因为乐观和坚强是掌管人生航向的舵手，是推动命运之船的动力桨。

十二、演讲可以用到的小故事【6】——所长无用

有个鲁国人擅长编草鞋，他妻子擅长织白绢。他想迁到越国去。友人对他说："你到越国去，一定会贫穷的。""为什么？""草鞋，是用来穿着走路的，但越国人习惯于赤足走路；白绢，是用来做帽子的，但越国人习惯于披头散发。凭着你的长处，到用不到你的地方去，这样，要使自己不贫穷，难道可能吗？"

小提示：一个人要发挥其专长，就必须适合社会环境需要。如果脱离社会环境的需要，其专长也就失去了价值。因此，我们要根据社会的需要，决定自己的行动，更好去发挥自己的专长。

十三、演讲可以用到的小故事【7】——路上的石头

国王费迪南决定从他的十位王子中选一位做继承人。他私下吩咐一位大臣在一条两旁临水的大道上放置了一块"巨石"，任何人想要通过这条路，都得面临这块"巨石"，要么把它推开，要么爬过去，要么绕过去。然后，国王吩咐王子先后通过那条大路，分别把一封密信尽快送到一位大臣手里。王子们很快就完成了任务。费迪南开始询问王子们："你们是怎么把信送到的？"

一个说："我是爬过那块巨石的。"

一个说："我是划船过去的。"

还有的说："我是从水里游过去的。"

只有小王子说："我是从大路上跑过去的。"

"难道巨石没有拦住你的路？"费迪南问。

"我用手使劲一推，它就滚到河里去了。"

"这么大的石头，你怎么想用手去推呢？"

"我不过试了试，"小王子说，"谁知我一推，它就动了。"

原来，那块"巨石"是费迪南和大臣用很轻的材料仿造的。自然，这位善于尝试的王子继承了王位。

小提示：要学会掌握自己的命运，不要被表象迷惑，自己一点也不动脑筋。

十四、演讲可以用到的小故事【8】——跳槽

甲对乙说："我要离开这个公司，我恨这个公司！"

乙建议道："我举双手赞成你报复这破公司，一定要给它点颜色看看。不过你现在离开，还不是最好的时机。"

甲问："为什么？"

乙说："如果你现在走，公司的损失并不大。你应该趁着在公司的机会，拼命去为自己拉一些客户，成为公司独当一面的人物，然后带着这些客户突然离开公司，公司才会受到重大损失，非常被动。"

甲觉得乙说的非常在理，于是努力工作。事遂所愿，半年多的努力工作后，他有了许多忠实的客户。

再见面时乙问甲："现在是时机了，要赶快行动哦！"

甲淡然笑道："老总跟我长谈过，准备升我做总经理助理，我暂时没有离开的打算。"其实这也正是乙的初衷。

十五、名人演讲轶事——鲁迅

名流免不了常被邀请作演讲，鲁迅也不例外。他演讲时旁征博引、妙趣横生，常常被掌声和笑声包围。有一次他从上海回到北平，北师大请他去讲演，题目是《文学与武力》。有的同学已在报上看到不少攻击他的文章，很为他不平。他在讲演中说："有人说我这次到北平，是来抢饭碗的，是'卷土重来'；但是请放心，我马上要'卷土重去'了。"一席话顿时引得会场上充满了笑声。

十六、名人演讲轶事——马克·吐温

马克·吐温尝试了几种演讲的方法，但都失败了。然后，他产生了伟大的想法，因为使字母、单词和句子形象化是很难的，但图画却是容易回想起来的。它们能在脑海里扎根，它们能使事物得以保留，特别是自己亲自画下来的时候。

请注意，吐温并不是艺术家，但这并没有妨碍他。"在两分钟之内，我用笔画了六幅图画，"他说，"而且它们起到了吸引人注意力的作用，做得又那么完美。"

他发现一旦他画完了一系列的草图，他可以随意回想起它们的图像。从那天起，吐温就可以不用草稿进行演讲了，而且这种做法从来也没有使他失望过。他演讲的每一个部分都用一幅图画来代表。他把图画出来，把它们排成一排，然后看一看就把它们毁掉。当他演讲的时候，一排的图像就清晰地出现在他的脑海里。

十七、名人演讲轶事——林肯

有一次，林肯总统正在演讲，突然一个青年递给他一张纸条。林肯打开一看，上面只有两个字："傻瓜"。林肯脸上掠过一丝阴云，随即镇定地说了一番话，就有力地反驳了这一污蔑。

"本总统收到过许多匿名信，全部只有正文，不见署名，而今天正好相反，刚才这位先生只署上了自己的名字，却忘了给我写信。"说完，便继续他的演讲。